河北省社会科学基金项目"消费发挥基础性作用的理论追问与对策研究"
(项目批准号：HB20MK022)

中国式现代化进程中新型消费探析

张子麟 ◎ 著

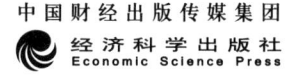

中国财经出版传媒集团
经济科学出版社
Economic Science Press
·北京·

图书在版编目（CIP）数据

中国式现代化进程中新型消费探析／张子麟著．
北京：经济科学出版社，2025.6. -- ISBN 978-7-5218-
7080-0
Ⅰ.F126.1

中国国家版本馆 CIP 数据核字第 202533T9K5 号

责任编辑：周国强
责任校对：易　超
责任印制：张佳裕

中国式现代化进程中新型消费探析
ZHONGGUOSHI XIANDAIHUA JINCHENGZHONG XINXING XIAOFEI TANXI
张子麟　著
经济科学出版社出版、发行　新华书店经销
社址：北京市海淀区阜成路甲 28 号　邮编：100142
总编部电话：010-88191217　发行部电话：010-88191522
网址：www.esp.com.cn
电子邮箱：esp@esp.com.cn
天猫网店：经济科学出版社旗舰店
网址：http://jjkxcbs.tmall.com
北京季蜂印刷有限公司印装
710×1000　16 开　13.5 印张　200000 字
2025 年 6 月第 1 版　2025 年 6 月第 1 次印刷
ISBN 978-7-5218-7080-0　定价：86.00 元
（图书出现印装问题，本社负责调换。电话：010-88191545）
（版权所有　侵权必究　打击盗版　举报热线：010-88191661
QQ：2242791300　营销中心电话：010-88191537
电子邮箱：dbts@esp.com.cn）

序　言
消费的"新"语"兴"愿

1997年，中国的居民消费率为47.5%，而同期美国的居民消费率为68%，就连被世界公认的国内消费严重不足的日本，这一时期的数据也达到59.8%。从那时起，受生产决定且依附于交换、分配的消费，走到前台，越来越受到重视。当年，党的十五大报告指出："努力增加城乡居民实际收入，拓宽消费领域，引导合理消费。""特别要改善居住、卫生、交通和通信条件，扩大服务性消费"。从那时起，中央政府启动了一系列扩大消费需求的政策措施，并成功引致中国居民消费结构实现渐次升级。

一

那么，为什么会出现消费不足或生产过剩的

现象呢？关于对消费不足，马克思主义经济学与西方经济学有着截然不同的理解。马克思主义经济学并不承认资本主义经济中存在绝对的生产过剩或绝对的消费不足。在未来社会中，社会生产与"实际需要"之间也可能出现不一致的现象，用"实际需要"衡量的"过剩"和"不足"可以说带有"绝对"的性质，但这种不足或过剩不可能成为消费和生产的常态。因为在马克思那里，消费是与人的生产（包括物质资料生产，也包括人的自身生产）和发展相联系的活动，相对于人的生存与发展（而不是市场价值实现）而言，长期来看，消费不可能是不足的，生产也不可能是过剩的；所以，在马克思的语境中，经由劳动中介的生产被称为"人的物化"，而把消费称为"物的人化"。

  当然，马克思也并不是对西方资本主义国家出现的消费不足或生产过剩现象视而不见。马克思指出，所谓的消费不足或生产过剩只是一种相对现象，相对什么呢？相对于资本，相对于资本逻辑下的货币支付能力！相对于资本的生产，相对于资本的增殖，消费显得不足以支撑资本妄图无限增殖的购买力基础。在资本与雇佣劳动二元对立的经济体系中，剩余价值与工资始终处于此消彼长的竞争状态。一方面，资本的强势地位，将工人的工资压榨至仅供维持生存的最低水平；另一方面，资本的无限增殖，又要求有越来越多的货币资本能够流回到生产领域，以实现一轮胜于一轮的资本主义扩大再生产。当工资增长速度跟不上资本增殖需要速度的时候，就会出现"消费不足"（实是由广大群众支付能力不足所表现出来的"需求不足"引致的"消费不足"）或生产过剩（相对于支付能力的需求而不是相对于人的实际需要）的现象。由此，马克思得出结论，经由消费不足或生产过剩而引发的经济危机是资本主义经济的顽疾，这也是科学社会主义必然实现的政治经济学基础。

  马克思对资产阶级经济学家关于"节约与奢侈"观点的批判，虽然过去200多年了，但是究竟节约还是奢侈更利于经济发展的争论仍不绝于耳。究其根本，还是没有理解消费是谁的消费、消费到底是为了什么，是从马克思经济学范式去理解消费还是从西方经济学的范式去理解消费等这些根本问题。

二

不同于西方国家将市场（尤其是自由竞争市场）作为消费发展的理论起点，中国共产党领导的消费实践恰恰起源于市场经济极不发达的短缺经济环境中。早期的工人运动史表明，工人阶级与资本家斗争的一种典型的经济组织就是"消费合作社"。

1933年7月1日，在《正太日刊》第78号发表的《本路员工消费合作社筹备委员会启事》中指出："良以处此资本主义经济制度发达时代，社会生活日趋困难，欲图补救，惟有施行此种合作制度，实现经济同盟，方足免除剥削，维护生存也。"

又，1937年7月17日的《正太铁路消费合作社筹备委员会告全路员司工警书》中，详细说明了消费合作社给正太铁路员工带来的三方面好处：

一、替大家由一部而至全部免除以前商人之利润的剥削，而无形中代为储蓄；

二、替大家由一部而至全部免除以前商人货品的减克和作弊，从而做到货真价实；

三、尤其能启发多数人生活上新的意识，而矫正以往种种非科学不合理的生活心理和方式。

可见，与工人运动相伴而生的消费合作社丰富实践，为我们践行以人民为中心的发展思想提供了深刻启示。

三

数字消费是伴随着数字经济的发展而兴起的一种新型消费形态，然而曾经在消费领域中存在的消费主义等问题并没有就此根除，相反，它却以新的表现形式和作用机理愈发突出地呈现出来。

比如被数字消费环境包围的个体消费者难以甄别网络符号的重重雾障，沉迷于网络构建的"被动需求"繁荣假象中，消费决策潜移默化地受到他人的意见影响和支配，欲壑难填的消费欲望、无所不在的消费景观，数字消费主义的发展势头难减，反而愈加强化。

如何促进数字消费进一步发挥其对经济发展的促进作用，以及如何看待数字消费中的各类新问题，这实际上反映出了数字消费作为发展引擎与其中存在的数字陷阱之间的悖论。对此，政府和消费者如何面对数字消费的发展，政府如何在推进与规制数字消费中寻求平衡，消费者如何在拥抱数字消费与避开数字陷阱中维护自身权益，已经成为一个不得不关注的问题。

四

今天我们谈起"绿色消费"是一种什么印象呢？它好像是发源于西方发达经济体中的新事物，似乎在这方面我们没有更多的话能讲。

任何一个新事物都是时代的产物，同样，西方国家能够先行探索"绿色消费"的实践其根本在于西方国家先于我们走上了现代化的轨道，先于我们完成了工业化改造，也自然地先于我们面对和解决因环境污染、能源消耗等产生的"非绿色"问题，也因此在绿色产业及相关的企业、管理、市场等方面有了更多的探索和积累。

然而时代的所赐不能想当然地理解为某些国家的独创。中国古代在"天人合一"思想的影响下所形成的民胞物与、仁人爱物等观念，相比于西方从技术思维提出的"少排放""少包装""可持续"等条款，拥有更为深刻的人文思考。深言之，"绿色自信"不仅应该成为文化自信的应有之义，而且也应该让"绿色"成为中华文化自信的底色和亮色。

马克思主义与西方生态主义都关注人与自然的关系，然而马克思主义更加关注人与自然关系背后的人和人之间的关系。正是因为马克思主义从"人和人之间的矛盾的真正解决"入手从而最终实现"人和自然界之间的矛盾的真正解决"[1]，而生态主义者却不得不承认"资本主义的趋势是自我毁灭并步入危机"[2]。

---

[1] 马克思.1844年经济学哲学手稿[M]//马克思恩格斯选集：第3卷.北京：人民出版社，2002：297.

[2] 詹姆逊·奥康纳.自然的理由：生态学马克思主义研究[M].唐正东，臧佩洪，译.南京：南京大学出版社，2003：399.

五

消费的"新",只是体现在消费内容或消费方式方面的与时俱进,而消费的展开逻辑、消费作为实践活动的属人本质、消费在历史唯物主义中的地位和作用则是不可能改变的。

消费的"兴",亦是希冀服务于人的生存与发展的本真消费活动的勃兴,而不仅仅是交易、支付、购买等市场行为的膨胀。

是为序。

目 录

第一章 超越俭奢之争的思想洞见：马克思关于资产阶级经济学家
挥霍和节约观点的批判 / 1

　　第一节　资产阶级经济学家关于"挥霍"和"节约"的观点 / 2

　　第二节　马克思对"挥霍"和"节约"观点的批判 / 7

第二章 兼顾节用之理的实践探索：毛泽东关于发展消费的
深刻思考 / 16

　　第一节　发展生产：满足人民消费需要 / 18

　　第二节　生产什么：消费资料的生产与保障 / 24

　　第三节　如何分配：积累、节俭和消费 / 29

　　第四节　蕴含"两个结合"的实践智慧 / 37

第三章 眺望数字消费的价值追问：概念、悖论与干预 / 48

　　第一节　数字消费的概念：技术作为消费的手段与目的 / 49

第二节 数字消费的发展悖论：发展引擎与数字陷阱 / 58

第三节 数字消费的前景：在推进与规制的矛盾中发展 / 68

第四章 祛魅消费主义的数字幻象：逻辑、表征与进路 / 81

第一节 数字消费主义出场的三重逻辑 / 82

第二节 数字消费主义的特质表征 / 90

第三节 数字消费主义的祛魅路径 / 102

第五章 探源中国数字消费的乡村前奏 / 112

第一节 数字消费能否助力乡村实现弯道超车？/ 112

第二节 乡村数字消费是数字倾销还是数字赋能？/ 118

第六章 审视绿色消费的异曲同工：中西文明交流互鉴的视角 / 129

第一节 "天人合一"理念下中国"自知自觉"的
绿色消费 / 130

第二节 "消费主义"肆虐中西方"后知后觉"的
绿色消费 / 146

第七章 通向美好生活的绿色路径 / 161

第一节 关于绿色消费的共识与歧义 / 162

第二节 生态文明与绿色消费 / 167

第三节 "双碳"目标与绿色消费 / 173

第四节 新质生产力与绿色消费 / 178

参考文献 / 184

后记 / 202

第一章
超越俭奢之争的思想洞见：马克思关于资产阶级经济学家挥霍和节约观点的批判

马克思在《1844年经济学哲学手稿》第三个笔记本中有这样一段话："诚然，在国民经济学领域掀起了一场争论。一方（罗德戴尔、马尔萨斯等）推崇奢侈而咒骂节约；另一方（萨伊、李嘉图等）则推崇节约而咒骂奢侈。但是，一方承认，它要求奢侈是为了生产出劳动即绝对的节约；而另一方承认，它推崇节约是为了生产出财富即奢侈。"最后，马克思指出，"双方都忘记了，挥霍和节约，奢侈和困苦，富有和贫穷是画等号的。"①

看似处于事物两极的"挥霍和节约，奢侈和困苦，富有和贫穷"为什么"是画等号的"呢？

---

① 马克思恩格斯文集：第1卷［M］.北京：人民出版社，2009：228.

马克思所谓的"画等号"是在何种意义上说的呢？如果处于事物两极的"挥霍和节约"是"画等号的"，那么它们又共同指向什么问题呢？当我们将消费理解为社会再生产的一个必要环节时，我们又将如何看待节俭和奢侈品消费？本章拟从经济思想史的角度，追溯节俭与奢侈的思想脉络。

第一节 资产阶级经济学家关于"挥霍"和"节约"的观点

无论在西方还是在东方，在消费活动的早期，奢侈都是不被认可的。相反，人们却都比较推崇节约的做法。在西方，自古希腊时期起，哲学家对于"奢侈"一词的解读就显现出一种倾向于强调其消极含义的趋势，将之与过度的欲望、懒惰及不节制等概念紧密联系起来。尽管18世纪的评判发生了重要变化，但对奢侈的道德批判态度仍然贯穿整个19世纪，甚至在当代的文化评论中还能找到其身影。[1] 中国漫长的古代社会也基本形成了"崇俭罢奢"的传统。[2] 那么，这种对"奢侈"持否定态度的稳定趋势是在什么时候被打破的呢？

一、萨伊和李嘉图关于"节约"的观点及其展开

18世纪的学者普遍认同"奢侈观"有助于社会的进步，而古典经济学家则倾向于推崇节制消费的价值观。一方面，"奢侈观"的支持者，如马尔萨斯和罗德戴尔，认为奢侈消费有助于社会财富的积累。马尔萨斯特别强调了

---

[1] 克里斯托弗·贝里. 奢侈的概念：概念及历史的探究 [M]. 江红, 译. 上海：上海人民出版社, 2005: 8.
[2] 欧阳卫民. 中国消费经济思想史 [M]. 北京：中共中央党校出版社. 1994: 342-345.

消费不足的危害，并主张通过鼓励消费来促进收入再分配，增加非生产性消费者的工资。另一方面，萨伊和李嘉图是节约消费观点的代表人物，他们认为节约是资本主义积累财富的基础，反对无节制的消费。亚当·斯密提倡通过节俭消费来增加雇佣更多劳动者的可能性，而李嘉图则主张将工资限制在最低水平以促进资本的积累。

在19世纪初，萨伊的经济学思想在欧洲大陆上占据了举足轻重的地位，萨伊的观点不仅继承并发展了斯密和李嘉图等人关于消费的理论，而且还将这些理论普及化、系统化，使其更加贴近大众的认识。萨伊首次将"消费"这一概念纳入经济学体系，在其代表作《政治经济学概论》中，深入探讨了节俭思想在财富积累方面的重要作用。

他坚信节俭是国家财富增长的根本，通过对社会消费各领域的详细解析，萨伊展示了节俭原则的重要性。他认为，节俭消费的根本动力在于对资本积累的迫切需求，并主张通过节约的手段来遏制资本主义社会财富的极端分化，从而促进国民财富的增长。萨伊将节俭视为一种深思熟虑后的智慧行为，旨在满足人类生活的基本需求，而非过度追求物质享受。

萨伊对消费的分类——生产性与非生产性、私人与公共——为我们提供了一个分析消费行为的框架。他认识到，合理的消费不仅促进个人福祉，还对社会经济的稳定与发展起到关键作用。在这一点上，萨伊的思想为马克思主义政治经济学提供了一个重要的理论基础，特别是关于消费与社会再生产过程的关系。

萨伊强调，节俭并非意味着吝啬或拒绝享受，而是一种在满足当前和未来需求之间找到平衡的智慧。他警告说，无节制的奢侈消费和过度的吝啬都会削弱财富为其所有者带来的潜在利益。萨伊提到："关于消费，阔绰与鄙吝是两个应当避免的过失。这两者把财富所能给与它的所有者的利益剥夺掉，因为阔绰用尽享乐手段，而鄙吝不使用享乐手段。诚然，这两者中，阔绰比较不讨人厌，因为它跟和蔼与好客的品质很接近。它比较受欢迎，因为它把欢乐授予他人。但在这两者中，它对社会的危害更大，因为它浪费并毁灭应当成为劳动的支柱的资本，而由于它毁灭资本这一生产因素，所以它也毁灭劳动即最重要的生产因素。"①

在公共消费方面，萨伊特别强调政府作为"公共财富的托管人"的责任，反对任何形式的贪污和浪费，强调节约公共资源的重要性。萨伊指出，与私人消费一样，"公共消费也是这样，为消费而消费，故意浪费，因人设事，只为娱乐而毁灭一件物品，对国家或对个人来说，对小国或对大国来说，对共和国或对君主国来说，都是浪费。不但如此，公共浪费和私人浪费比起来更是犯罪行为，因为个人所浪费的只是那些属于他的东西，而政府所浪费的却不是它自己的东西，它事实上仅是公共财富的托管人"②。

通过萨伊的眼睛，我们看到了节俭与奢侈之间的本质区别。奢侈不仅仅是对昂贵物品的消费，更是一种过度追求物质享受、忽视精神价值的生活态度。萨伊无情地揭露了统治阶级的奢侈生活如何耗尽国家资源，加剧社会不平等。他的批评不仅针对个人的奢侈行为，更深刻地触及了这种行为对社会整体的破坏性影响。

总之，萨伊的消费思想为我们提供了一种理解消费行为及其在社会经济结构中作用的框架。他的思想强调了节俭的价值，警示了奢侈的危害，并呼吁对公共资源的负责任管理。在当今消费主义盛行的社会背景下，萨伊的理论不失为一种反思和指导，促使我们重新审视消费行为的社会经济含义。他的理论不仅仅是关于个人消费的指导，更深入地分析了消费行为在社会经济结构中的作用与意义，从而揭示了生产与消费之间不可分割的内在联系。

在深入分析萨伊的节约论及其对当代社会主义建设的启示时，我们首先必须承认，萨伊的理论体系中确实蕴含了一些合理的因素，这些因素对于推动个体生活和社会整体的进步具有一定的积极作用。萨伊，作为庸俗政治经

---

① 萨伊.政治经济学概论[M].陈福生，陈振骅，译.北京：商务印书馆，1963：499.
② 萨伊.政治经济学概论[M].陈福生，陈振骅，译.北京：商务印书馆，1963：514.

济学的奠基人,其理论尝试将自己区别于传统的政治学研究,试图构建一种类似自然科学的纯粹经济学科学体系,企图为资产阶级国家的衰败提供一种理论上的"解药"。

二、罗德戴尔和马尔萨斯关于"奢侈"的观点及其展开

在1804年的经济学领域,罗德戴尔第八代伯爵詹姆斯·梅特兰(James Maitland,1759—1839),一位苏格兰贵族,提出了著名的罗德戴尔悖论,成为"奢侈而非节俭"辩护的关键人物之一。斯密认为私人财富的积累会自然促进公共财富,但罗德戴尔指出两者可能存在矛盾,例如垄断或稀缺性人为增加私人财富却损害公共福利。罗德戴尔与马尔萨斯等人提倡奢侈消费,旨在扩大总体消费,从而生产出更多的"绝对节约"①,促进劳动力的增长。这一观点与黑格尔对贱民的描述不谋而合,后者将懒惰、浪费和堕落视为社会底层的典型特征,而这些特征也在马尔萨斯对接受救济工人的描述中得到体现。②

从生产力和精神观念的角度来看,罗德戴尔和马尔萨斯赞美奢侈,诅咒节俭,他们认为社会需要奢侈品来培养劳动力,同时也指出节俭与奢侈消费的优劣。马尔萨斯进一步提到了限制人口增长的其他因素,如对妇女的不道德习俗、人口在城市的聚集、有害健康的制造业、奢侈、瘟疫和战争等,这些都被归咎于"贫困与罪恶"③。

在社会分工方面,马尔萨斯提出资本家应积累财富,而贵族和领主则应

---

① 吴琼,刘怀玉. 从交往异化到拜物教的再生产:马克思奢侈消费批判思想的逻辑演变述评[J]. 社会科学家,2017(3):23-28.
② 庄忠正,刘纪龙. 从"贱民"到无产阶级:马克思对黑格尔的批判性超越[J]. 马克思主义与现实,2024(2):67-75.
③ 托马斯·罗伯特·马尔萨斯. 人口原理[M]. 杨菊华,杜声红,译. 北京:中国人民大学出版社,2018:68.

挥霍，这种观点反映了他们对财政收入的看法：国家通过增税来维持剥削阶级的奢侈生活，并通过大量借债来弥补财政赤字。

然而，罗德戴尔和马尔萨斯等人所推崇的"奢侈论"在某种程度上是一种空想，与社会的具体现实不符。他们提倡的奢侈和浪费主要是为少数地主阶级的利益服务，而不能满足贫苦大众的需求。通过否定亚当·斯密关于"资本由节俭而增"的观点和萨伊的"物与物交换"理论，罗德戴尔和马尔萨斯的"奢侈论"实际上是为资本主义社会服务的，他们的理论为压迫和剥削广大工人阶级提供了辩护。

罗德戴尔和马尔萨斯的经济观点，虽然在当时引起了广泛的讨论和关注，但是在马克思主义政治经济学的视角下，这些观点旨在维护少数剥削阶级的利益，而忽视了广大劳动人民的根本利益和社会的长远发展，因此是资本主义社会结构中的一种反动理论。

此后，曼德维尔在"奢侈"的认识中加入了积极元素，认为它在社会发展中起到了一定的积极作用。休谟在其作品《论奢侈》中，将"奢侈"定义为对感官享受的极致追求，这一定义不仅肯定了奢侈的积极意义，也对人类的消费行为及其解放诉求给予了正面评价。到了19世纪，桑巴特将"奢侈"理解为任何超出必需开支的花费，这一定义从数量和质量两个维度对奢侈进行了详细的阐释。[①] 而当代学者贝里则将奢侈品视为昂贵的稀有产品，强调了其代表的享乐主义和感官满足，同时也指出了奢侈品的历史性。

我们可以看到，"奢侈的概念"随着社会历史条件的变迁而不断地发展和丰富。从古希腊哲学家对奢侈的消极解读，到后来对其积极作用的认识，再到马克思主义对奢侈消费背后经济和阶级关系的深刻剖析，这一演变过程不仅反映了人类对物质文化的不同态度和价值观的变迁，也映射出社会经济结构的深层次变化。通过对罗德戴尔和马尔萨斯"奢侈论"的研究，我们能

---

① 维尔纳·桑巴特.奢侈与资本主义[M].王燕平，侯小河，译.上海：上海人民出版社，2005：86-87.

够更加深刻地理解奢侈现象背后的经济学、哲学以及社会学原理，从而为探讨当代社会中奢侈消费的意义与影响提供了丰富的理论资源。

第二节　马克思对"挥霍"和"节约"观点的批判

18世纪被誉为"革命的世纪"。在这一时期，经济学领域也经历了一场深刻的变革。然而，马克思指出，这场经济学的革命并未能彻底摆脱历史的枷锁，仍然停留在矛盾和对立之中。他批判地指出，这一时期的经济学革命未能根本质疑私有制的合理性，未能从根本上解决生产与消费的矛盾，反而陷入了诡辩和伪善，试图用人道精神的外衣来掩饰其内在的矛盾。

在《1844年经济学哲学手稿》中，马克思深刻揭示了当时国民经济学领域的重大争议，这场争论围绕着奢侈与节约的对立展开。一方面，像罗德戴尔、马尔萨斯等经济学家主张奢侈消费，并对节约持批判态度；另一方面，以萨伊、李嘉图等为代表的学者，则赞扬节约之德，对奢侈进行谴责。这场争论不仅暴露了资产阶级经济学家思想深层次的矛盾，而且也显示出他们对资本增殖和财富积累途径的认识分歧。[1]

一、马克思对"挥霍"与"节约"概念的独特阐释

马克思进一步分析了当时流行的两种消费观念——"推崇奢侈"与"推崇节约"。他指出，这两种看似对立的观念实际上都未能触及问题的核心。马克思认为，人的"需要"与生产方式、社会分工直接相关，资本主义社会以工业为基础的私有制恰恰忽视了这一点。他批判"奢侈论"充满了浪漫主

---

[1] 马克思.1844年经济学哲学手稿[M].北京：人民出版社，2018：129.

义的幻想,而"节约论"则忽略了生产与消费之间不可分割的联系。通过深刻剖析这些思想,马克思揭示了资本主义社会消费观念的本质矛盾,即在私有制框架下,生产和消费之间的关系是扭曲的,这种扭曲不仅体现在生产领域,也深深影响着社会的消费观念。马克思的这一分析,不仅展现了他对古典政治经济学的批判性继承和发展,更为我们理解资本主义社会的消费现象提供了深刻洞见。

在马克思主义政治经济学的深邃视野中,一个引人注目的观点是马克思对"挥霍"与"节约"概念的独特阐释。马克思不仅深刻揭示了经济运行背后的社会关系和由经济制度所规定的社会结构,而且还揭示了资本主义社会中经济关系与道德观念之间存在的扭曲联系及其对不同社会阶层的差异化影响。

首先,需明确的是,马克思并未将"挥霍"与"节约"视为完全对立的概念。在他的分析中,"奢侈"与"节约"在资本主义社会内部呈现出一种等价关系。资本家通过"奢侈挥霍"来实现更多的利润积累,这种表面上的不节俭和浪费,实则是资本积累的一种方式。相对地,经济学家如萨伊和李嘉图等人赞扬"节约",将其视为一种道德理想,但这种"节约"实际上是建立在对劳动者的剥削之上,通过压低劳动者的基本需求来实现的。这种"节约"的本质是虚伪的,因为它掩饰了资本家对劳动者的剥削和压迫。因此,从资本积累的角度来看,"挥霍"与"节约"的目标实际上是一致的。

其次,马克思指出,"奢侈"与"困苦"在资本主义社会中是相对存在的。资本家的"奢侈"是建立在对劳动者剥削的基础之上,这种"奢侈"仅仅满足了少数剥削者的需求,而不是人类真正的幸福。相反,它加剧了社会的贫富差距和阶级矛盾。"困苦"广泛存在于社会中,剥削者为了追求更多的利润而不断追加资本,而被剥削者为了生存而忍受剥削。"奢侈"与"困苦"在资本主义社会中并存。

最后,马克思进一步阐述了"富有"与货币、财富的关系,这种"富有"是建立在剥削大多数人的基础上的。资本家拥有大量的货币，并不能获得真正的幸福。"贫穷"的根源在于资本主义制度本身，贫苦大众被剥夺了对自己劳动成果的支配权，只能依靠微薄的工资来维持生计。

综上所述，马克思指出"挥霍和节约，奢侈和困苦，富有和贫穷是画等号的"，他批判了国民经济学家对挥霍、奢侈、富有与节约、困苦、贫穷之间的等价关系。这一"等价"观念深刻揭露了资本主义社会经济关系与道德观念之间的扭曲联系，以及这种联系对不同社会阶层生活状态的影响。马克思通过指出消费与生产、交换、分配之间的相互矛盾关系，特别是消费和生产之间的对立统一关系，深刻批判了资本主义制度的本质和弊端，展现了他对于实现一个更加公正、平等社会制度的理论追求。

二、马克思对"节俭和奢侈"的批判

在探讨西方经济学家们围绕"节俭"与"奢侈"展开的争论时，我们不得不提及马克思的批判性分析，这一分析揭示了资本主义经济体系内在的矛盾和冲突。马克思指出，在资本主义体系下，资本的自我扩张是其存在的根本动力。这种扩张不仅是资本对外的竞争，也体现在对土地生产力的不断提升以及对劳动力的极限压榨上。这一过程中，个体被迫牺牲自身的真正人类目的，以应对无休止的竞争斗争。马克思深刻地揭示了资本主义生产方式下，生产力的盲目扩张与社会需求之间的矛盾，导致了生产过剩和广大人民群众的贫困问题。

英国长期以来的经济状况，便是这一矛盾的具体体现。在这种情况下，生产力的大量过剩与广大人民群众的生存困境形成了鲜明对比。马克思认为，如果生产者能够了解消费者的真实需求，并根据这一需求组织生产和分配，那么竞争带来的波动和危机将不复存在。这一点揭示了竞争关系的本质——消费力与生产力之间的关系。

在马克思看来，一个与人类发展相称的社会状态，应当是根据生产力与消费需求之间的关系来决定生产的规模和范围，而不是盲目追求资本（剩余价值）的扩张。生活资料的生产应当随着生产力的提升而增加，但这一过程中暴露出的新矛盾是，经济学家所理解的需求并非真实需求，他们所谓的消费也只是一种人为的消费。马克思深刻指出，"真正的经济——节约——是劳动时间的节约"，"这种节约就等于发展生产力"；进而他得出结论，"消费的能力是消费的条件，因而是消费的首要手段，而这种能力是一种个人才能的发展，生产力的发展。"[①] 马克思强调，消费的能力，即个人才能和生产力的发展，是消费的首要条件。在这一视角下，自由竞争作为经济学家的主要口号，实际上是一种不可能实现的理想。即便是垄断，虽然其表面上试图保护消费者免受欺骗，但实际上也无法实现这一目标。

马克思通过其犀利的批判，指出两派经济学家实际上都没有摆脱资本家的视角。推崇奢侈的一方认为，通过消费奢侈品能够促进劳动生产，从而实现所谓的"绝对的节约"；而倡导节约的一方则认为，通过减少消费能够更有效地积累财富。然而，马克思认为这两种观点都忽略了一个根本问题：生产的最终目的不应该是为了满足少数人的奢侈消费或是单纯的财富积累，而应该是满足社会成员的基本需要和促进人类的全面发展。

通过对这场争论的分析，马克思进一步批判了资产阶级经济学家对消费与生产之间关系的理解。他指出，这些经济学家忽视了消费的社会性质和它在生产过程中的决定性作用。他们没有认识到，生产不仅仅是为了满足现有的消费需求，而且通过消费的社会性质，生产还应当引导社会需求的发展，从而促进生产力的进步和社会福利的增长。此外，马克思还批判了资产阶级经济学家对于贫穷问题的忽略，他们未能看到过度生产的"有用的东西"会导致"过多的无用的人口"，即社会财富的增加并不一定会带来所有人的福

[①] 马克思.《政治经济学批判（1857-1858年手稿）》摘选[M]//马克思恩格斯文集：第8卷.北京：人民出版社，2009：203.

第一章 超越俭奢之争的思想洞见：马克思关于资产阶级经济学家挥霍和节约观点的批判

祉提高。

在马克思看来，奢侈与节约的争论反映了资本主义社会内部的深刻矛盾，即生产力的发展与生产关系的束缚之间的矛盾。他认为，只有超越资本主义社会的生产方式，建立一种以满足人民群众需要为目的的社会主义生产方式，才能根本解决这一矛盾。因此，马克思的分析不仅揭示了国民经济学争论的表层现象，更深刻地揭示了资本主义生产方式内在的矛盾和局限性，为我们理解俭奢之争提供了一种全新视角。

马克思将消费问题纳入更广泛的生产范畴内，分析了生产、分配、交换和消费这四个环节在资本主义生产逻辑中的作用。马克思认为，"奢侈观"消费不仅是资本积累的一种手段，而且随着生产力的发展，资本主义社会的奢侈品也会不断升级换代。在《资本论》中，马克思进一步探讨了"奢侈观"消费的作用，指出资本主义社会扩大再生产过程中的内在矛盾，以及剩余价值作为"奢侈"消费基础的重要性。在他看来，在资本主义社会里，当奢侈成为资本家普遍的社会生活方式时，没有能力消费奢侈品的人，就不能被列入资本家的阶层；没有钱，从而也就没有资本，就不能获得剩余价值。因此，"奢侈本身现在也成为获得信用的手段"[①]。马克思认为，资本家阶级的生产活动是由积累欲望所驱动的，而非生产者在经济上仅仅代表了消费欲望和挥霍行为。这一观点深刻地揭示了奢侈消费在资本主义社会中的经济基础及其阶级属性。

因此，从马克思主义政治经济学的视角来看，消费不仅仅是个人偏好的体现，更是资本主义社会生产力发展和财富积累过程中不可或缺的一环。消费观点的差异反映了经济学家对于如何促进社会经济发展的认识差异。马克思把"挥霍"与"节约"画等号，不仅揭露了资本主义社会资本家和劳动者的现实表现，还追溯了资本主义社会剥削与被剥削的深层逻辑。马克思把罗

---

① 马克思. 资本论：第三卷 [M]. 北京：人民出版社，2004：498.

德戴尔、马尔萨斯同李嘉图、萨伊"奢侈"和"节约"画上等号,并批判他们把它看作是"资本家的科学自白",因为它敌视工人,不把工人当人。

生产资料所有制是经济基础的核心,决定着社会的性质与方向。资本主义生产资料私有制是"挥霍与节约画等号"的底层逻辑。马克思揭露资本主义工人的劳动在为富人生产宫殿时,却给自己生产了赤贫与棚舍;批判国民经济学家对"工人奢侈不可饶恕"所持的偏见,谴责他们否定挥霍、奢侈、富有是与节约、困苦、贫穷对等的偏见,阐明在资本主义私有制统治下,生产目的不是人的幸福而是对财富的占有,并且"个人从社会得到的利益同社会从个人得到的利益正好成反比"①,工人生产的财富越多他就越贫穷。马克思深刻指出,工人"贫困的根源与其说在于人,不如说在于物的力量"②,现实的经济制度"同时降低了劳动的价格和劳动的报酬;它造就了工人,却贬低了人"③。资本主义社会生产资料的私人占有制,工人阶级被剥削得一无所有,"不得不直接或间接地替所有者效劳……依赖于他们"④。马克思指出,生产资料的资本家私人占有制,把人变成雇佣劳动者即成为商品,如果供给超过需求,则部分工人就要沦为乞丐或被饿死,肮脏、堕落、腐化成了工人的生活要素。⑤ 总之,"节俭"和"奢侈"的消费主义是资本主义社会两极分化的根源,使工人阶级生活更加艰难。

马克思深刻剖析了"奢侈与节约画等号"的深层原因,指出这两者在资本主义社会消费模式下都违背了消费的正义,都源于人的异化表现形式的差异以及经济作为生态系统和社会系统的子系统超越自身界限的扩张。

在数字消费和绿色消费日益成为主流趋势的今天,我们需要更加理性地看待消费,选择符合自己实际需求和环保要求的产品和服务,以实现人

---

① 马克思恩格斯文集:第1卷 [M]. 北京:人民出版社,2009:146.
② 马克思恩格斯文集:第1卷 [M]. 北京:人民出版社,2009:140.
③ 马克思恩格斯文集:第1卷 [M]. 北京:人民出版社,2009:128.
④ 马克思恩格斯文集:第1卷 [M]. 北京:人民出版社,2009:126.
⑤ 马克思恩格斯文集:第1卷 [M]. 北京:人民出版社,2009:225.

与自然、人与人、人与社会的和谐共生和经济的可持续发展。要引导大众运用马克思主义的立场、观点、方法去审视情感消费主义的作用机理及其现实危害,帮助大众祛除笼罩在情感消费上的一切空洞抽象的社会意义,增强其对各种情感商品的甄别能力,从而避免在资本和媒介诱导下产生的异化情感需要,自觉摒弃低俗、奢侈、盲目、颓废的消费行为,主动拥抱优质的情感商品。① 在推进数字经济发展的过程中要坚持以中国特色社会主义文化作为导向,规范数字消费文化,为新时代倡导合理健康消费添砖加瓦。②

三、马克思之后关于"节俭"与"奢侈"的争论

西方经济学家们关于"节俭"与"奢侈"的争论并没有因为马克思的批判而终结。在探讨马克思之后西方经济学家们对于"奢侈"与"节约"消费思想的演进中,我们发现以消费批判为主线的社会批判理论的演进脉络。这些批判不仅针对消费主义本身,而且触及了消费主义如何在资本主义社会中作为一种意识形态,对人的自我认识和社会结构产生深远影响。

赫胥黎在1931年便警示我们,消费主义的泛滥已经替代了人文精神,将人类转化为生产与消费的工具,形成了一个全球性的"世界国"。他通过强调"定量消费"的概念,揭示了消费主义对个体的强制性和反社会的本质。③他这一观点在其1958年的著作《重返美丽新世界》中得到了进一步的展开。他指出自己的许多预言已经成为现实,西方社会在经济繁荣的同时,也步入了消费主义的陷阱。

---

① 陆书剑,程倩.情感消费主义的生成逻辑及其批判性超越[J].理论导刊,2025(1):33-39.
② 李国健.数字化时代下的新消费主义批判:存在形态、生成机制及应对策略[J].中南大学学报(社会科学版),2024,30(4):158-165.
③ 奥尔德斯·赫胥黎.美丽新世界[M].陈超,译.上海:上海译文出版社,2017:47-50.

马尔库塞的批判则更加深入，他不仅指出了消费主义的意识形态化，还强调了它在晚期资本主义社会中的角色——一种生活方式、价值观念，以及一种控制系统。他认为，这种消费主义满足了大众的心理需求，同时却剥夺了他们独立批判的能力，使他们沦为单向度的人，无法摆脱已确立的话语和行为模式，"沦入已确立的话语和行为领域"[①]。

鲍德里亚进一步将西方社会的发展定位为从生产型向"奢侈"型社会的转变。在这一过程中，消费者不仅是资本主义生产的原料，更是消费主义意识形态的受害者，这种意识形态掩盖了民主的缺席和平等不可实现的真相。[②]

弗洛姆指出，西方社会致力于最大规模的消费，劳动者"把自己当成商品并以交换价值作为个人价值的性格心向"[③]。"我们已经到了为消费而消费的地步：这是一种被贪婪所驱使的消费，一种不断膨胀的欲望驱使着我们身不由己地去吃、去买、去占有、去使用的无生命价值的消费。"[④] 科技进步、物质丰富、精神贫乏，"挥霍和奢侈"消费使人不断的异化。"政治家像对待超市一样对待公共服务，希望它会为公民提供更广泛的选择。反过来，许多公民试图在联合抵制活动中用钱包的力量去推动社会和政治事业。"[⑤]

在对消费主义价值观的批判中，生态学马克思主义延续了法兰克福学派对文化价值观的批判路径，将消费主义价值观的批判与技术理性的批判相结合。[⑥] 生态学马克思主义认为消费主义价值观建立在虚假需求基础之上，所谓虚假需求是资本主义利用广告等大众媒介强加给人们的需求，其目的是弱

---

① 赫伯特·马尔库塞. 单向度的人：发达工业社会意识形态研究 [M]. 刘继，译. 上海：上海译文出版社，1989：12.
② 让·鲍德里亚. 消费社会 [M]. 刘成富，全志钢，译. 南京：南京大学出版社，2014：29.
③ 埃里希·弗罗姆. 寻找自我 [M]. 陈学明，译. 北京：工人出版社，1988：88.
④ 埃里希·弗洛姆. 生命之爱 [M]. 罗原，译. 北京：工人出版社，1988：9.
⑤ 弗兰克·特伦特曼. 商品帝国：一部消费主义全球史 [M]. 马灿林，桂强，译. 北京：九州出版社，2022："导论"第 iii 页.
⑥ 刘晓艺. 生态学马克思主义现代性批判的逻辑进路及其现实启示 [J]. 北京林业大学学报（社会科学版），2024，23（3）：55-61.

化人们的政治意识和革命意识并控制人们的内心世界，引导人们进行物质消费。①

通过马克思主义政治经济学的视角，我们可以看到，资本主义经济体系内在的矛盾和冲突不仅未因时间的推移而有所缓解，反而在某些方面变得更加尖锐。这要求我们重新审视经济学家关于"节俭"与"奢侈"的争论，以及我们对经济发展和社会进步的理解和追求。马克思的分析为我们提供了深刻的洞见，帮助我们更好地理解经济活动的本质，以及如何构建一个更加公正、合理的社会经济体系。

---

① 刘晓艺. 生态学马克思主义现代性批判的逻辑进路及其现实启示［J］. 北京林业大学学报（社会科学版），2024，23（3）：55-61.

第二章
兼顾节用之理的实践探索：
毛泽东关于发展消费的深刻思考

毛泽东关于发展消费的思考是在特定的历史背景和社会条件下形成的，与中国革命和建设的实际需要密切相关，其背景包括中国革命的特点、新中国成立初期的经济状况以及当时的国际环境。

毛泽东关于消费的思考契合了中国革命的特点。中国革命经历了长期的战争和动荡，尤其是在抗日战争和解放战争期间，国民经济基础薄弱，物资匮乏，人民生活困苦。在这种情况下，如何通过发展生产来满足人民的基本消费需要，成为中国共产党面临的重要问题。在革命战争时期，毛泽东强调通过发展农业和工业生产来满足军队和人民的基本生活需要。特别是在抗日战争时期，

第二章 | 兼顾节用之理的实践探索：毛泽东关于发展消费的深刻思考

面对日军的封锁和国民党的经济压迫，解放区的物资供应极为紧张。毛泽东提出"自己动手，丰衣足食"的口号，号召根据地军民开展大生产运动，通过自力更生来解决物资短缺的问题。[①] 这一时期的实践为毛泽东关于消费的思考奠定了基础，即通过发展生产来满足消费需要，同时通过消费需要的满足来促进生产的进一步发展。

新中国成立初期，中国经济面临着严重困难。长期的战争导致国民经济几乎崩溃，工业生产停滞，农业生产落后，人民生活水平极低。在这种情况下，如何迅速恢复和发展经济，满足人民的基本生活需要，成为新中国面临的首要任务。毛泽东在新中国成立后继续强调发展生产的重要性，认为只有通过发展生产，才能为消费提供物质基础。他提出了"优先发展重工业"的方针，认为重工业是国家独立和富强的基础。同时，毛泽东也认识到农业和轻工业的重要性，认为农业是国民经济的基础，轻工业则是满足人民日常生活需要的关键。因此，毛泽东提出了正确处理重工业、轻工业、农业三者关系的思想，强调在优先发展重工业的同时，不能忽视农业和轻工业的发展。[②] 这一时期，毛泽东还强调公私兼顾的原则，强调在积累和消费之间要保持适当的平衡。他认为，积累是必要的，但不能过度积累，必须兼顾人民的生活需要。在毛泽东看来资本积累的目的是发展生产，而发展生产的最终目的是改善人民生活。因此，积累和消费是相辅相成的，不能片面强调积累而忽视消费。

毛泽东关于消费的思考还受到国际环境的影响。新中国成立初期，国际形势复杂，新中国面临着来自西方国家的经济封锁和政治孤立。在这种情况下，毛泽东强调通过自己的努力来实现经济的独立和发展，以满足人民的基本消费需要。与此同时，毛泽东也借鉴了苏联社会主义建设的经验教训。苏联在社会主义建设初期，片面强调重工业发展，忽视农业和轻工业，导致消

---

① 毛泽东选集：第 3 卷 [M]. 北京：人民出版社，1991：931.
② 毛泽东文集：第 7 卷 [M]. 北京：人民出版社，1999：24.

费品供应不足，人民生活水平长期得不到改善。毛泽东在《论十大关系》中对此进行了反思，认为中国在社会主义建设过程中必须避免苏联及部分东欧国家的错误，注重农业和轻工业的发展，确保人民的基本消费需要得到满足。①

第一节 发展生产：满足人民消费需要

一、需要刺激生产发展，生产创造新的需要

毛泽东充分认识到生产和消费之间的相互作用。他在《读苏联〈政治经济学教科书〉的谈话》中明确指出："人们生活的需要，是不断增长的。需要刺激生产的不断发展，生产也不断创造新的需要。"② 从这方面来看，毛泽东继承了马克思关于再生产过程的认识，将生产和消费看作是相互联结并且相互影响的不同环节，因此"生产转化为消费，消费转化为生产。生产就是为了消费，生产不仅是为其他劳动者，生产者自己也是消费者。不吃饭，一点气力没有，不能生产，吃了饭有了热量，就可以多做工作"③。

同时，毛泽东也进一步联系鞍山钢铁的具体例子，指出生产和消费之间密不可分，生产过程本身也是一种消费："鞍钢的生产就包含消费，几十年就要更换设备。播种转化为收获，收获转化为播种。播种是消费种子，种子播下后，就向反面转化，由种子变为秧苗，以后收获，又得到新的种子。"④

毛泽东强调生产对于消费的重要作用，因此在不同的历史时期都强调要大力发展生产，如提高苏区、解放区及全国的工农业生产等，以满足人民的

---

① 毛泽东文集：第7卷 [M]. 北京：人民出版社，1999：24-25.
② 毛泽东文集：第8卷 [M]. 北京：人民出版社，1999：137.
③④ 毛泽东文集：第7卷 [M]. 北京：人民出版社，1999：373.

消费需要。只有生产发展了，才能提供足够的生活资料和生产资料，保障人民生活和进一步促进生产。

二、建立物质基础，改良民众生活

毛泽东始终强调生产的基础性作用，认为只有生产发展了，才能为消费和进一步的革命提供物质基础。在革命战争时期，他明确指出发展生产是具有重要意义的举措，生产的产品可以自给自足，也可以进行贸易以打破封锁。总的来说，经济工作要使群众生活得到改善，并且因此为革命工作打下基础。他提出："我们要使人民经济一天一天发展起来，大大改良群众生活，大大增加我们的财政收入，把革命战争和经济建设的物质基础确切地建立起来。"[1] 在这种总的认识基础上，制定经济政策时也必须将包括改善人民的生活水平看作是重要原则之一，"我们的经济政策的原则，是进行一切可能的和必须的经济方面的建设，集中经济力量供给战争，同时极力改良民众的生活"[2]。在毛泽东看来，"一切空话都是无用的，必须给人民以看得见的物质福利"[3]，而提高人民福利、满足人民需要的重要工作就是"用尽力量帮助人民发展生产"[4]。毛泽东提出，革命工作的一个方面是动员群众力量，但另一个方面的工作则是更加根本的和第一位的，即"给人民以东西"。所谓"给人民以东西"就是"组织人民、领导人民、帮助人民发展生产，增加他们的物质福利，并在这个基础上一步一步地提高他们的政治觉悟与文化程度"[5]。出于这种考虑，毛泽东尖锐地批评了片面地只知向群众要粮要款的观点，而赞成通过组织党政军群众和人民群众的广大劳动力，以开展群众生产运动，来竭尽全力地帮助群众发展生产。从这些表述可以看出，毛泽东将发展生产

---

[1] 毛泽东选集：第1卷 [M]. 北京：人民出版社，1991：122.
[2] 毛泽东选集：第1卷 [M]. 北京：人民出版社，1991：130.
[3][4][5] 毛泽东文集：第2卷 [M]. 北京：人民出版社，1993：467.

看作是提高群众福利的重要途径，生产对于消费起到决定性作用，生产和消费是相互关联的。

毛泽东提倡发展生产并在发展生产的条件下为改善物质生活而斗争。他提出"我们应该不惜风霜劳苦，夜以继日，勤勤恳恳，切切实实地去研究人民中间的生活问题、生产问题"①，这种帮助人民群众发展生产的工作是每个在农村工作的共产党员的首要工作。他所提出的具体做法包括，提供生产资料和改良农作方法，以及具体地解决耕牛、种子、农具、合作社、运输队等实际问题。只有生产发展了，人民群众的福利才会提高；人民群众福利的提高，反过来也会提高生产中的积极性和效率，最终能够让广大人民群众认同革命的路线和政策。

在新中国成立之后，毛泽东依然着眼于满足人民群众的消费需要，并主张党的重要工作就是发展生产和提高生产力。工业生产被毛泽东视为重中之重。在他看来，大规模的工业以国家的独立、自由、民主和统一为前提和基础，而工业是人民福利和国家富强的基础；只要我们能够使农业、轻工业、重工业都同时高速度地向前发展，我们就可以保证在迅速发展重工业的同时，适当改善人民的生活。毛泽东就此提出，工业生产和建设需要满足农民和全部人民群众的物质需要和精神需要，"要保证农民得到更多的工业品，保证农民提高自己的文化水平"②。

毛泽东也非常重视农业的生产，他强调，全党一定要重视农业，农业关系到国计民生和国家稳定，"抓了农业，发展了农业，相当地保证了发展工业所需要的粮食和原料"③。农业关系到农村人口、城市人口和工矿区人口的吃饭问题、吃肉吃油问题。从满足消费需要的角度，毛泽东将农业看作是"农林牧副渔五业综合平衡"。为了满足人民群众的消费需要，增加副食品的

---

① 毛泽东文集：第2卷 [M]．北京：人民出版社，1993：467.
② 毛泽东文集：第8卷 [M]．北京：人民出版社，1999：122.
③ 毛泽东文集：第7卷 [M]．北京：人民出版社，1999：24.

第二章 | 兼顾节用之理的实践探索：毛泽东关于发展消费的深刻思考

供给，农林牧副渔缺一不可①。农业也为轻工业提供原料，促进轻工业产品的生产，从而满足人民对各类日用品的消费需要。农产品消费对于工业发展也具有促进作用，只有供应工业人口的消费需要，才能发展工业。

发展生产不但能够更好地满足人民群众的消费需要，也能够满足部队的需要。在革命战争时期，军队的粮食和物资供给是影响战事的重要方面。为了革命的胜利，军队的消费需要同样需要解决。毛泽东从生产着眼，阐明了军队生产自给的重要性。在他看来，军队的生产活动虽然表面看起来在形式上是落后的，但是实质上是进步的，而且对于革命具有重大意义。表面看起来，军队从事生产是承担了不属于自己的工作，因此在形式上似乎违背了分工原则。但是，毛泽东深刻指出，在当时国家贫困而分裂、人民游击战争分散而长期的条件下，军队从事生产能够更好地满足军队的消费需要，让部队成员改善营养状况。在当时物质条件艰苦的条件下发展生产，一方面能够使革命军队克服生活资料的困难，另一方面则能够赢得人民群众的支持。"至于因为我们采用了这种表面上'落后的'、'倒退的'办法，而使我们的军队克服了生活资料的困难，改善了生活，个个身强力壮，足以减轻同在困难中的人民的赋税负担，因而取得人民的拥护，足以支持长期战争，并足以扩大军队，因而也就能够扩大解放区，缩小沦陷区，达到最后地消灭侵略者、解放全中国的目的。这种历史意义，难道还不伟大吗？"②

因此，毛泽东号召和动员全体党政军民从事生产运动，一面打击敌人，一面实行生产。他提出，前方的生产活动经验加上思想上、组织上和物质上的准备，生产活动能够产生重要的成果。"前方处于战争环境，还不能做到'丰衣足食'，但是'自己动手，克服困难'，则是完全可以做到，并且必须做到的。"③

---

① 毛泽东文集：第8卷 [M]. 北京：人民出版社，1999：137.
② 毛泽东选集：第3卷 [M]. 北京：人民出版社，1991：1106.
③ 毛泽东选集：第3卷 [M]. 北京：人民出版社，1991：930.

毛泽东对于苏联经济建设中存在忽视消费的现象进行了尖锐的批评："这么多年来，消费品生产只增长了那么一些，为什么在这个问题上又不讲'物质刺激'呢？要使重工业迅速发展，就要大家都有积极性，大家都高兴。"① 毛泽东反复强调人民的积极性，正是看到了消费提高对于生产的重要推进作用。

三、制定与群众要求相适合的政策

关于政策和策略，毛泽东曾提出，"凡属正确的任务、政策和工作作风，都是和当时当地的群众要求相适合，都是联系群众的"②。对于生产-消费辩证关系的理解也体现在了毛泽东具体的革命和建设实践中。在革命战争年代，他领导根据地军民开展大生产运动，通过发展农业、工业等生产活动，解决了军民的吃饭、穿衣等基本生活问题，为革命战争的胜利提供了物质保障。在农业方面，中央苏区时期，面对蒋介石的经济封锁和军事围剿，物资极度匮乏。毛泽东强调经济建设在革命战争中的重要性，他将农业生产作为经济建设的首要任务，发动群众开垦荒地、推广先进种植技术，还动员各行各业支持农业，发动妇女参加农业生产，解决了军民的吃饭问题。在工业方面，为保障红军作战和生活需要，开办各种类型工厂，为苏区军事工业的发展提供了大量军需原料，满足了军民的穿衣、医疗和军事等方面的需求，为军民的基本生活消费提供了物质基础，保障了军民的生存和战斗力。

由于生产决定消费的质量和水平，新中国成立后，毛泽东又提出了一系列发展生产的方针政策，如优先发展重工业，建立独立完整的工业体系等，旨在提高国家的生产能力，为满足人民日益增长的物质文化需要创造条件。例如，毛泽东在新中国成立初期就指出必须实现国家工业化，这样中国才能

---

① 毛泽东文集：第8卷 [M]. 北京：人民出版社，1999：122.
② 毛泽东选集：第3卷 [M]. 北京：人民出版社，1991：1095.

第二章 | 兼顾节用之理的实践探索：毛泽东关于发展消费的深刻思考

摆脱在世界上被动的局面。在这一思想指导下，通过实施"一五"计划，集中力量发展钢铁、机械、电力等重工业。以长春第一汽车制造厂、沈阳第一机床厂和飞机制造厂等建成投产为标志，重工业取得了巨大发展，为国民经济的发展奠定了坚实基础，也为轻工业和农业的现代化提供了技术和设备支持。同时，毛泽东也非常重视农业机械化对提升农业生产效率的作用。在他的推动下，中国农业机械化事业开始起步，逐步提高了农业生产效率，增加了农产品产量，改善了农产品供应，为人民生活消费提供了更丰富的物资。

全面辩证地看待生产和消费的观点，也体现在毛泽东对于劳资关系的态度上。毛泽东在强调发展生产、促进生产力进步重要性的同时，也指出生产的发展必须有利于满足人民群众的消费需要，提供工人的福利。在革命战争年代，毛泽东就从生产-消费的辩证关系出发，提出了劳资合作的目的是发展生产，并在此基础上提高工人的福利。立足全局，他指出："任何工厂，工会与党支部必须与厂方协同制定生产计划并协同执行之，力求以较低之成本，得较多较好之产品，从此获得较多之盈利，劳资双方有利。工人之福利必须于发展生产、繁荣经济中求之，任何片面的过火要求，都将破坏解放区的经济。"[①]

新中国成立后的过渡时期，毛泽东从生产-消费辩证关系出发，采取一种务实态度。在对于民族资本家的改造方面，他认为，对于民族资本家的改造需要一段时间。采取这种循序渐进改造方式的最大原因，正是在于，这种改造方式不至于使得生产活动中断，因此能够让人民群众的各种消费需要得到充分的满足，"市场上群众需要的商品不短缺，物价稳定，货币购买力稳定"[②]，最终有利于人民群众。

毛泽东还阐述了精神文化消费的重要性，他提出："领导全国人民克服一切困难，进行大规模的经济建设和文化建设，扫除旧中国所留下来的贫困

---

① 毛泽东文集：第4卷［M］. 北京：人民出版社，1996：102.
② 毛泽东文集：第7卷［M］. 北京：人民出版社，1999：60.

和愚昧，逐步地改善人民的物质生活和提高人民的文化生活。"① 在实践中消费也促进了新中国生产的发展和升级。首先，生活需求推动工业多元化。随着生产的发展和人民收入水平的提高，人们对生活用品的需求日益多样化。例如，人们对收音机、自行车、缝纫机等耐用消费品的需求增加，促使相关工业部门不断发展壮大，生产出更多种类和更高质量的产品，推动了工业生产的多元化发展。其次，人民对文化教育的需求不断增长，也带动了文化产业的发展，如出版业、影视业等。这些领域的生产既丰富了人民的精神文化生活，也进一步促进了生产的发展和升级。

第二节　生产什么：消费资料的生产与保障

一、推动各类生活物资的生产与供应

这种全面看待生产和消费的观点也反映在毛泽东经济建设战略中关于农业、轻工业和重工业的关系上。

从生产对于消费的基础性作用来看，毛泽东尤为重视重工业的发展，提出"重工业是中国建设的重点。必须优先发展生产资料的生产"②。只有重工业充分发展，才能巩固革命的胜利基础。为了将中国从一个落后的农业国转变为先进的工业国，毛泽东提出了党在过渡时期的总路线和总任务是逐步实现社会主义工业化和对于农业、手工业和资本主义工商业的社会主义的改造。

在总路线的指引下，新中国基础工业得到快速发展，为进一步的生产活动提供了坚实的基础，也直接或间接地满足了人民生活需要。例如，新中国

---

① 毛泽东文集：第5卷［M］.北京：人民出版社，1996：348.
② 毛泽东文集：第7卷［M］.北京：人民出版社，1999：24.

成立后，鞍山钢铁公司无缝钢管厂率先建成，后续武汉钢铁公司、包头钢铁公司也相继投产。钢铁产量的提升，不仅满足了大型工业建设的需求，也为制造各类生活所需的金属制品提供了充足的原料，满足了百姓对日常生活用品的消费需要，提高了人民群众的生活品质。同时，对大同煤矿、阜新煤矿等进行了大规模的改建扩建，煤炭产量大大提高。煤炭作为重要的能源，为工业生产提供动力，间接推动了各类生活物资的生产与供应。随着产量的提高，煤炭成为北方地区冬季主要的取暖燃料，也保障了人们在寒冷季节的防寒保暖。大庆油田、胜利油田、大港油田等相继被发现和开发，随着石油化工产业的发展进步，塑料等化工产品成本降低，也方便了人们的生活。

另外，汽车和拖拉机等机械制造工业的发展也推动了交通运输和农业生产的变革和发展。随着汽车产量的逐步提升，货物运输更加高效，各类生活物资能够更快速地流通到全国各地，丰富了消费市场。同时，汽车工业的发展也为后续公共交通的发展奠定了基础，人们的出行更加便捷。大型机械设备的生产为农业机械化提供了有力支持，提高了农业生产效率，保障了粮食产量的稳定增长。稳定的粮食供应，不仅稳定了物价，也为食品加工等相关产业提供了充足的原料，丰富了食品消费市场。

二、确保市场上有丰富的民生日用商品

从直接满足人民生活消费需要的角度，毛泽东同样重视生活资料尤其是粮食的生产，在发展重工业的同时提出不能忽视农业和轻工业，以确保市场上有丰富的民生日用商品，保持物价的稳定。

轻工业和农业与人民日常消费需要紧密相关，因此强调发展轻工业和农业，有助于满足人民的生活需要。毛泽东提出要适当地调整重工业和农业、轻工业的投资比例，更多地发展农业和轻工业。提高农业和轻工业投资的比例，一方面可以更好地供给人民生活的需要，另一方面则可以反过来更多更

好地发展重工业,从而促进新中国整体上的工业化,因此轻工业和农业需要积累得更多更快些。

新中国成立后,许多轻工业企业被纳入到社会主义经济体系中,如一些纺织厂、食品厂等,在国家的统一规划和支持下,这些企业生产规模扩大,产品质量提高,市场供应更加稳定,消费者能够购买到更多、更好的轻工产品。轻工业布局也更加合理,一批新的轻工业基地和工厂的建立,使轻工产品的生产更加接近原料产地和消费市场,降低了运输成本,提高了产品的供应效率,促进了消费。轻工业企业进行技术革新和设备改造,提高了生产效率和产品质量,增加了产品种类,丰富了市场供应,满足了不同层次消费者的需要,提升了民众的消费体验和生活品质。

毛泽东尤其重视农业的发展。在革命战争年代,他就提出将工作重点转移到农业和轻工业上。他从军队和人民消费需要的角度提出,在当时的条件下特别重要的是农业,因为我们在目前条件下,大部分需要的东西是农产品。农产品又可以出口换取工业品,加上发展必要的手工业及较大的轻工业,那么可以很大部分地解决军民的日常需要。

针对副食品的供应问题,毛泽东从人民福利和消费需要出发,认为新中国的建设必须让人民得到充足的食品保障,"有菜吃,有油吃……有鸡鸭鹅兔吃,有蛋吃"[1]。在他看来,满足人民生活需要是一项伟大的社会主义事业,"我们应当有志气,有决心做到这一项在政治上经济上都有伟大意义的社会主义事业,也应当有信心做到这一项事情"[2]。为了人民利益,毛泽东提出,各级党委要有一个专门管副食品的书记或精心从事的干部,以更好地满足人民日常生活对于食品和日用品的需要。[3]

在具体实践中,毛泽东推动了农业技术与生产方式的改进和农业机械化。毛泽东提出"农业的根本出路在于机械化",强调农业机械化对提高农业生

---

[1][2][3] 建国以来毛泽东文稿:第14册[M].北京:中央文献出版社,2023:155.

产效率、减轻农民劳作负担的重要性。毛泽东高度重视农田水利建设，在他的领导下，全国开展了大规模的水利建设运动，修建了大量的水库、堤坝、灌溉渠道等水利设施，提高了农业抗灾能力，为农业生产的稳定发展提供了保障。另外，毛泽东非常重视与农业密切相关的农村教育事业和医疗事业的发展，推动了农村扫盲工作，提高农民的文化水平，为农业生产和农村建设培养了大批有文化的劳动者。在毛泽东的关心下，农村合作医疗制度逐步建立和发展起来，改善了农村的医疗卫生条件，使农民的医疗需要能够获得保障。

三、最终提高人民的生产积极性

通过对苏联和其他东欧国家社会主义建设经验教训的反思，毛泽东提出重视农业和轻工业的思想，强调重工业、轻工业、农业三者平衡发展。

毛泽东在《论十大关系》中着重探讨了重工业和轻工业、农业之间的关系。他对比了中国和苏联，认为中国在处理重工业和轻工业、农业的关系上，比苏联和一些东欧国家要更加平衡。他提出了苏联和一些东欧国家发展中所出现的问题，比如苏联的粮食产量长期达不到革命前最高水平，一些东欧国家由于注重重工业使重工业、轻工业、农业三者发展太不平衡而产生了严重的问题。这些问题的根源就在于，"他们片面地注重重工业，忽视农业和轻工业，因而市场上的货物不够，货币不稳定"[①]。在此基础上，他主张中国发展重工业"决不可以因此忽视生活资料尤其是粮食的生产。如果没有足够的粮食和其他生活必需品，首先就不能养活工人，还谈什么发展重工业？"[②] 他提出，我们应当注重农业和轻工业的发展。因为"发展了农业，相当地保证了发展工业所需要的粮食和原料"[③]。通过农业生产和轻工业生产，我们的民

---

①②③ 毛泽东文集：第 7 卷 [M]．北京：人民出版社，1999：24.

生日用商品才能比较丰富，物价和货币才能稳定。

毛泽东指出，少发展一些农业、轻工业而过分强调重工业，并不是发展重工业的好办法。从长远来看，农业和轻工业的同步发展才能使得重工业发展得更快，并且"由于保障了人民生活的需要，会使它发展的基础更加巩固"①。同时毛泽东也曾尖锐地指出，1925 年到 1957 年间，"苏联的生产资料生产增长了九十三倍，消费资料生产增长了十七点五倍。问题是，九十三同十七点五的比例，是否对发展重工业有利。这么多年来，消费品生产只增长了那么一些，为什么在这个问题上又不讲'物质刺激'呢"②？他认为轻工业和农业的发展能够更好地提供生活日用品和食品，从而改善人民生活、满足人民需要，最终提高人民的生产积极性，反过来能够促进重工业的迅速发展。因此他提出，无论是从发展重工业进而促进工业化的角度，还是直接提高人民福利的角度，都"必须使工业和农业同时并举，轻工业和重工业同时并举"③。

毛泽东在阐述农业合作化重要性的时候，也是从工农业协调发展的角度进行论述的。他提出，重工业、轻工业和农业三者是相互关联的，共同为彼此的再生产和人民消费作出贡献，因此必须协同发展。首先，轻工业为农民提供了所需要的大量生活资料，满足农民需要，拿这些东西去同农民的商品粮食和轻工业原料相交换，既满足了农民和国家两方面的物资需要，又进一步巩固了轻工业继续发展的基础。而轻工业的大规模的发展，不但需要重工业的发展，也需要农业的发展。同时大规模的轻工业的发展，有待于大规模的农业的发展。毛泽东提出，中国社会主义合作化的农业能够使农民有更大的购买力，一方面人民的生活水平得到提高，另一方面也通过消费来促进重工业和轻工业的生产。从这一考虑出发，毛泽东提出了"农业挂帅"，认为"过去是重、轻、农、商、交，现在强调把农业搞好，次序改为农、轻、重、

---

① 毛泽东文集：第 7 卷 [M]．北京：人民出版社，1999：25.
②③ 毛泽东文集：第 8 卷 [M]．北京：人民出版社，1999：122.

交、商。这样提还是优先发展生产资料,并不违反马克思主义,重工业我们是不会放松的。农业中也有生产资料,如果真正重视了优先发展生产资料,安排好了轻、农,也不一定要改为农、轻、重。重工业要为轻工业、农业服务。现在讲挂帅,第一应该是农业,第二是工业。"① 从实践来看,在国民经济恢复时期,中国在经济发展的同时并没有出现类似苏联的产业失衡和日用品供应不足的现象,农业得到恢复和发展,轻重工业布局合理且发展协调。毛泽东基于生产-消费理念的产业协调发展思想也为日后改革开放和经济高质量发展提供了指导和借鉴。

第三节 如何分配:积累、节俭和消费

在认识到生产和消费之间相互作用的同时,毛泽东也清楚地意识到生产和消费之间的矛盾。他提出,社会生产和社会需要之间的矛盾在客观上将会长期存在,因此需要"安排积累和消费的适当比例,求得生产和需要之间的平衡"②。他提出,要兼顾国家、集体和个人在积累和消费方面的利益,在保证国家积累和集体发展的同时,不能忽视个人消费的提升。如在确定积累比重时,要考虑生产增长情况,确保人民生活能够逐步改善,使积累和消费达到平衡。

一、"积累不能过高"

毛泽东认为积累和生产发展必须以改善人民生活的基础和归宿为目的,因此积累的比重不能过高,积累需要以人民消费需要满足、人民生活改善为

---

① 毛泽东文集:第8卷 [M]. 北京:人民出版社,1999:78.
② 毛泽东文集:第7卷 [M]. 北京:人民出版社,1999:215.

前提。

在革命战争时期,毛泽东就批评"国民党作风",即"只问老百姓要东西,而不给老百姓以任何一点什么东西"。而如果革命工作"脱离了群众,不了解群众的情绪,不能够帮助群众组织生产、改善生活,只知道向他们要救国公粮",就是沾染了国民党官僚主义的作风。毛泽东要求地方干部"首先用百分之九十的精力去帮助群众解决他们'救民私粮'的问题"①,然后就可以顺利地解决"救国公粮"的问题。

毛泽东在批评一些错误观点的时候提出:"在生产运动中,不注重发展经济,只片面地在开支问题上打算盘的保守的单纯的财政观点,是错误的;不注重组织党政军群众和人民群众的广大劳动力,以开展群众生产运动,只片面地注意少数政府人员忙于收粮收税弄钱弄饭的观点,是错误的;不知用全力帮助群众发展生产,只知向群众要粮要款的观点(国民党观点),是错误的。"② 由此可以看出,即使在严酷的战争年代,毛泽东依然强调人民生活的改善才是革命胜利的基础和最终目的。

在新中国成立之后的建设时期,毛泽东同样明确地表示,积累不能过高。

毛泽东深刻分析了苏联经济建设的问题和教训,他指出,苏联的积累资金来自农民,但是并没有给予农民合理的补偿,没有相应地改善农民生活,使得农民的生产积极性受到极大损害,反而不利于生产和国家发展。毛泽东形象地提出:"你要母鸡多生蛋,又不给它米吃,又要马儿跑得好,又要马儿不吃草。世界上哪有这样的道理!"③

从这一角度,毛泽东强调中国的政策必须避免过度强调工业积累,而是应当兼顾国家和农民的利益。工业品与农业品的交换,不能强行扩大剪刀差,而是应当采取近乎等价交换的政策,按照正常的价格甚至更高的价格统购农

---

① 毛泽东选集:第3卷[M].北京:人民出版社,1991:993.
② 毛泽东选集:第3卷[M].北京:人民出版社,1991:911.
③ 毛泽东文集:第7卷[M].北京:人民出版社,1999:30.

第二章 | 兼顾节用之理的实践探索：毛泽东关于发展消费的深刻思考

产品。采取薄利多销、稳定甚至适当降低价格的政策来供应工业品。毛泽东深刻地指出，鉴于苏联在这个问题上犯了严重错误，我们必须更多地注意处理好国家和农民的关系，处理好积累和消费之间的关系。

除了工业积累不应过高，毛泽东还明确表示，农业合作社的积累也不能过多。合作社所获取的收入，其用途都与农民息息相关。生产费是维持生产正常进行的必要支出，管理费用于保障合作社日常运营，公积金助力扩大再生产，公益金则用于提升农民福利。这些费用的存在，本质上都是为农民服务，促进农村的发展。无论是公积金用于扩大再生产，还是公益金用于农民福利，都要有所节制。虽然扩大再生产对合作社发展意义重大，但若是一味地提高公积金占比，过度积累资金用于扩大生产，可能会导致农民当前的收益减少，影响他们参与合作社的积极性。公益金也是同理，尽管是为了农民的福利，但如果提取过多，可能会影响合作社其他方面的资金投入，导致发展失衡。毛泽东提出，生产费和管理费要在保障正常生产与运营的前提下，力求节约，避免不必要的开支。公积金和公益金的提取与使用，也要严格控制，充分考虑农民的现实利益和合作社的长远发展，不能因为过度积累而损害了农民的权益，阻碍农村经济的健康发展。只有这样，才能在保障农民利益的同时，实现合作社的可持续发展，让农村经济稳步迈向繁荣。①

毛泽东不仅分析和批评了苏联的错误路线，也反思了中国经济建设中出现的积累过多的问题。

他指出，在一些情况下，"我们对于人民生活这样一个重大问题缺少关心、注意不足、照顾不周"，由于工作任务提得太重，将工作重点引到片面地提高积累和生产，忘了生活消费等方面的问题。毛泽东提出，"任务不要提得太重，不要超过群众精力负担的可能性，要为群众留点余地"，并且"生产、生活同时抓，两条腿走路，不要片面性"。② 为此，毛泽东提出了划

---

① 毛泽东文集：第7卷 [M]. 北京：人民出版社，1999：30.
② 毛泽东文集：第7卷 [M]. 北京：人民出版社，1999：452.

定积累的适当限度,他提出积累过高的问题是一个全国性的问题,需要引起广泛的注意:"注意工作,忽视生活,必须立即引起全党各级负责同志,首先是省、地、县三级的负责同志的注意。方针是:工作、生活同时并重。"①

同时,毛泽东也提出,个人利益应当服从集体利益、长远利益。他区分了两种"仁政"的概念,一种是大仁政,另一种是小仁政。小仁政是片面地强调个人利益和眼前利益,而忽视了更大范围的和更长远的人民利益。而大仁政则是统筹兼顾的,人民的生活不可不改善,同时也应当将重点放在长远的经济建设上,片面地追求眼前的利益实际上反而是对于长远利益的损害。工农业发展了,实际上是对于长远的个人利益的促进,有助于在更长时间和更大范围内满足人民的消费需求。因此,毛泽东强调,不能单讲个人利益、暂时利益、局部利益,还应当讲集体利益、长远利益、全局利益,应当讲个人利益服从集体利益,暂时利益服从长远利益,局部利益服从全局利益。②

在革命战争时期和新中国建设时期,国家预算需要保证重点建设。毛泽东从实际情况出发,强调不能向人民开空头支票,而是需要向人民阐明利害。过高的要求和暂时办不到的事情,要向人民公开地反复地解释。③

二、"公私兼顾"

出于以上两方面考虑,毛泽东最终提倡的是公私兼顾。他在不同的场合反复表述和强调公私兼顾的分配原则。

从哲学高度,毛泽东阐述了公和私的辩证关系,认为大公无私和有私无公都是错误的,二者是辩证统一的。他在阅读苏联《政治经济学教科书》时指出,"公是对私来说的,私是对公来说的。公和私是对立的统一","我们

---

① 建国以来毛泽东文稿:第13册[M].北京:中央文献出版社,2023:198.
② 毛泽东文集:第8卷[M].北京:人民出版社,1999:133.
③ 毛泽东文集:第7卷[M].北京:人民出版社,1999:159.

第二章 | 兼顾节用之理的实践探索：毛泽东关于发展消费的深刻思考

历来讲公私兼顾，早就说过没有什么大公无私，又说过先公后私。个人是集体的一分子，集体利益增加了，个人利益也随之改善了"。①

在具体问题上毛泽东也提出公私兼顾的标准。例如，在新中国成立前关于公粮负担标准的问题上，他提出，支援战争和改善农民生活两方面需要兼顾，调整或改订农业税（公粮）负担的标准"必须遵守公私兼顾的原则，这即是一方面利于支援战争，一方面使农民有恢复和发展生产的兴趣，利于改善农民的生活"②。

新中国成立后，毛泽东指出，发展生产和国家积累是必要的，但是必须与改善人民生活兼顾，既保证重点建设，同时照顾人民需要。在分配问题上，毛泽东提出我们不能只顾一头，而是必须动态地兼顾国家利益、集体利益和个人利益。为此，毛泽东提出"全国一盘棋"的概念，认为只有在分配中兼顾国家长远发展、集体利益和个人消费需要，才算真的做到了全国一盘棋。他要求各地根据具体情况，规定积累的一个适当限度，并且"向群众宣布，以利安定人心，提高广大群众的生产积极性"③。

关于农民收入增加的问题，毛泽东明确提出"国家要积累，合作社也要积累，但是都不能过多。我们要尽可能使农民能够在正常年景下，从增加生产中逐年增加个人收入"④。关于工人福利，毛泽东提出，"工人的劳动生产率提高了，他们的劳动条件和集体福利就需要逐步有所改进。我们历来提倡艰苦奋斗，反对把个人物质利益看得高于一切，同时我们也历来提倡关心群众生活，反对不关心群众痛痒的官僚主义。随着整个国民经济的发展，工资也需要适当调整。"⑤

毛泽东将积累-分配的比例调整看作是动态的，需要平衡和调节，并且

---

① 毛泽东文集：第8卷 [M]．北京：人民出版社，1999：134.
② 毛泽东选集：第4卷 [M]．北京：人民出版社，1991：1328.
③ 建国以来毛泽东文稿：第13册 [M]．北京：中央文献出版社，2023：423.
④ 毛泽东文集：第7卷 [M]．北京：人民出版社，1999：221.
⑤ 毛泽东文集：第7卷 [M]．北京：人民出版社，1999：28.

这种平衡是要依照具体情况和符合价值规律的。生产和需要、积累和消费之间并不是无矛盾的,处理矛盾需要国家的动态计划。

客观来讲,社会生产和社会需要之间的矛盾将会长期存在,这就需要人们时常通过国家计划去调节。他提出使用国家的年度经济计划和月度、季度的局部调整,合理地"安排积累和消费的适当比例,求得生产和需要之间的平衡"①。

同时,关于合作社的积累和社员收入的比例也引起了毛泽东的注意,他指出:"合作社要利用价值法则搞经济核算,要勤俭办社,逐步增加一点积累。今年如果丰收,积累要比去年多一点,但是不能太多,还是先让农民吃饱一点。丰收年多积累一点,灾荒年或者半灾荒年就不积累或者少积累一点。"②

三、节约是社会主义经济的基本原则之一

毛泽东的节约思想最直接的针对对象是革命和建设时期所遇到的物质困难。

毛泽东在《抗日时期的经济问题与财政问题》中详细论述了精兵简政。当时,抗日根据地面临着日军残酷"扫荡",国民党顽固派封锁等困境,出现了物资供应困难、机构臃肿、兵多难养等问题。面对这些问题,毛泽东提出必须进行彻底、普遍的精兵简政,"必须达到精简、统一、效能、节约和反对官僚主义五项目的",最终目的在于"精简之后,减少了消费性的支出,增加了生产的收入,不但直接给予财政以好影响,而且可以减少人民的负担,不影响人民的经济"③。

---

① 毛泽东文集:第7卷 [M].北京:人民出版社,1999:215.
② 毛泽东文集:第7卷 [M].北京:人民出版社,1999:200.
③ 毛泽东选集:第3卷 [M].北京:人民出版社,1991:895.

第二章 | 兼顾节用之理的实践探索：毛泽东关于发展消费的深刻思考

在解放战争时期，解放区的经济状况和财政困难也引起了毛泽东的注意，在他看来，"虽然我们的困难比较国民党的困难要小得多，但是确实有困难"。而造成困难的原因之一正是财经方面的组织工作不够完善。因此他强调"必须反对浪费，厉行节约"，具体措施包括在前线注意缴获归公，爱护自己的有生力量；在后方减少国家机构的开支，节省工业生产的成本；将各解放区的经济加以适当的组织。①

在新中国的建设中，毛泽东提到，勤俭经营应当是全国一切经济事业的方针，节约是社会主义经济的基本原则之一。他正确地指出，中国是一个大国，同时还面临贫穷的威胁，因此要使中国富起来，必须执行勤俭的原则，改正不注意节约的不良作风。②

毛泽东严厉反对浪费也是基于国家现实情况，他提出准备以二十年时间完成中国的工业化，带动轻工业和农业向前发展的是建设重工业和国防工业，而重工业和国防工业的发展需要大量资金。由于面临资金不足的困难，为了建设重工业和国防工业，需要全国范围的增产节约。③

四、厉行节俭的最终目的还是改善人民生活

毛泽东厉行节俭具有重要的经济意义。

最明显的意义是降低成本。毛泽东认识到，厉行节俭具有重要的经济意义。在生产过程中的增产节约，有助于节约原材料的消耗。在生产和基本建设方面，节约原材料有助于适当降低成本和造价。④ 同时注重节俭也有助于提高生产率。注重节俭也意味着加强经济核算，最大限度地保存一切可用的生产资料和生活资料，并且提高劳动生产率，因此有助于迅速地恢复和发展

---

① 毛泽东选集：第4卷 [M]. 北京：人民出版社，1991：1348.
② 毛泽东文集：第4卷 [M]. 北京：人民出版社，1996：447.
③ 毛泽东文集：第6卷 [M]. 北京：人民出版社，1999：207.
④ 毛泽东文集：第7卷 [M]. 北京：人民出版社，1999：160.

农业生产和工业生产。

在农业生产合作社中,节约体现在合理利用土地、种子、肥料等生产资料,避免浪费,以及合理安排人力,提高劳动生产率,减少不必要的用工成本等方面。在工业生产中,企业通过优化生产流程,提高原材料利用率,降低废品率,实现资源的最大化利用。毛泽东指出,在新中国成立之初,中国还面临诸多经济困难,只有全社会各行业都践行勤俭的原则,才能在有限的资源条件下实现经济的快速发展。

最后,厉行节俭的最终目的还是改善人民生活,而"不提倡发展生产并在发展生产的条件下为改善物质生活而斗争,只是片面地提倡艰苦奋斗的观点,是错误的"[①]。

总的来说,增产节约的方针并不是消极的,而是具有重大积极意义的。倡导节约有助于积累资金、提高生产效率和加速国家经济建设,同时也有助于整肃党纪和改善作风。因此,增产节约是带动经济、政治、文化等各方面全面进步的重要方针。[②]

奉行勤俭节约,反对铺张浪费,不仅具有重要的经济意义,也具有重要的政治意义。毛泽东批评说,"在我们的许多工作人员中间,现在滋长着一种不愿意和群众同甘苦,喜欢计较个人名利的危险倾向,这是很不好的",而"在增产节约运动中要求精简机关,下放干部,使相当大的一批干部回到生产中去,就是克服这种危险倾向的一个方法"。[③]

毛泽东严肃看待部分干部利用职权进行贪污或肆意浪费的问题,强调对于贪污行为必须给予程度不同的处置。在他看来,贪污和浪费的根源在于官僚主义作风的滋长,肆意浪费意味着一种脱离群众的官僚主义作风。开展精兵简政和爱国增产节约运动的同时,也要开展反对官僚主义的运动,因此厉

---

① 毛泽东选集:第3卷[M].北京:人民出版社,1991:912.
② 毛泽东文集:第6卷[M].北京:人民出版社,1999:208.
③ 毛泽东文集:第7卷[M].北京:人民出版社,1999:240.

行节约具有改善工作作风的重要意义。

第四节　蕴含"两个结合"的实践智慧

毛泽东思想的发展深受中华优秀传统文化和马克思主义的双重影响，这两大思想资源在他不同阶段的阅读书目中得到体现。作为毛泽东思想中的组成部分，其关于消费的思考既具有鲜明的中华优秀传统文化的底色，又具备马克思主义理论的向度。

一、融通古今中外的阅读书目

毛泽东是在中国传统文化的浸润与滋养中长大的，他从一开始就接受中国传统文化的系统教育。毛泽东在湖南第四师范（后并入第一师范）学习期间，通过修身课和国文课的学习，广泛接触了中华传统文化经典。从他当时的通信和留下的文稿看，他比较喜欢和读得比较深的经史子集，有《老子》《庄子》《墨子》《论语》《孟子》《礼记》《中庸》《大学》和《朱子语类》《张子语类》等诸子经典；有《尚书》《左传》《汉书》《史记》《昭明文选》《昌黎先生集》《古文辞类纂》《读史方舆纪要》等。这些阅读不仅为他奠定了扎实的国学基础，也培养了他对中华传统文化的深刻理解。传统文化中的"经世致用"思想、民本观念以及辩证思维方式，都在毛泽东的思想发展和革命实践中得到了体现。[1]

毛泽东对中华传统文化不是采取全盘否定、全盘抛弃的态度，而是采取扬弃的方法和态度，批判继承中华传统文化。毛泽东针对党的学习任务，

---

[1] 陈晋.毛泽东阅读史[M].北京：生活·读书·新知三联书店，2014：29.

提出了自己的看法："我们这个民族有数千年的历史，有它的特点，有它的许多珍贵品质。……我们是马克思主义的历史主义者，我们不应当割断历史。从孔夫子到孙中山，我们应当给以总结，继承这一份珍贵的遗产。"①

毛泽东在青年时期就接触了马克思主义政治经济学的经典著作。在1920年经营长沙文化书社时，他多次向读者推荐李汉俊翻译的《马克思资本论入门》。这一时期，他开始接触并传播马克思主义思想，逐渐认识到马克思主义作为一种科学理论，能够为中国社会的变革提供指导。

到了延安时期，毛泽东对马列主义经典的研究更加深入。1937年，他在抗大讲授《辩证唯物论》，并在1941年撰写了《改造我们的学习》《关于农村调查》《驳第三次"左"倾路线》等著作，引用了《德意志意识形态》中的一些论断，如"观念的东西不外是移入人的头脑并在人的头脑中改造过的物质的东西而已"等。这表明他对马克思主义的理解逐渐深化，并将其应用于中国革命实践中。马克思主义的唯物史观、阶级斗争理论和辩证法，成为毛泽东分析中国社会问题、制定革命策略的重要工具。

新中国成立后，毛泽东继续阅读马克思主义经典，尤其是《资本论》。1958年，他在成都中央工作会议期间，批示印发《资本论》第三卷中关于商品交换的论述，并起了一个标题："从生产出发，还是从交换和分配出发？"这表明他在社会主义建设时期，仍然重视马克思主义经济理论的学习和应用。②

毛泽东的思想发展体现了中华优秀传统文化与马克思主义的有机结合，既深深扎根于中华传统文化土壤，又吸收了马克思主义的科学理论。他不仅从传统文化中汲取了"经世致用""民本思想"和辩证思维等精华，还通过马克思主义的科学理论，赋予中华传统文化以新的时代内涵。

---

① 毛泽东选集：第2卷[M].北京：人民出版社，1991：534.
② 陈晋.毛泽东阅读史[M].北京：生活·读书·新知三联书店，2014：145.

第二章 | 兼顾节用之理的实践探索：毛泽东关于发展消费的深刻思考

二、民本与人的实现

中国传统思想中对于人的关注体现为一种民本思想。例如《论语·尧曰》中将民、食放在丧和祭之前，看作是极端重要的事情①，体现了以民为本、民以食为天的思想。儒家的另一个代表人物孟子强烈地批评统治者贪图享乐，不顾民生的行为："庖有肥肉，厩有肥马，民有饥色，野有饿莩，此率兽而食人也。兽相食，且人恶之。为民父母，行政不免于率兽而食人。恶在其为民父母也？"② 在孟子看来，执政者自己过着奢靡的生活，而人民群众却在挨饿受冻，是极大的犯罪。孟子主张什一税制，兼顾公共财政和个人消费，认为过低不能满足必要开支，过高则是不仁，"君不行仁政而富之，皆弃于孔子者也"③。

墨子通过"三患论"表达了他对社会公平、民生福祉的深切关怀。所谓"三患"是他所观察到百姓所面临的三大苦难："饥者不得食，寒者不得衣，劳者不得息"④，即百姓因贫困而无法获得足够的食物和衣物，因繁重的劳役而无法得到休息。在墨子看来，基本消费需要无法被满足既是百姓生活的困境，也是社会动荡的根源。

作为受到传统文化影响的马克思主义者，毛泽东把解决民生问题作为党的根本宗旨和价值追求。土地革命时期，毛泽东指出："我们对于广大群众的切身利益问题，群众的生活问题，就一点也不能疏忽，一点也不能看轻。"⑤ 在消费思想上，无论是主张发展生产、统筹兼顾还是厉行节俭，毛泽东的最终着眼点都是人民群众的利益。如前文所述，毛泽东认为

---

① 论语 [M]. 北京：中华书局，2012：304.
② 孟子 [M]. 北京：中华书局，2010：7.
③ 孟子 [M]. 北京：中华书局，2010：140.
④ 墨子 [M]. 北京：中华书局，2011：275.
⑤ 毛泽东选集：第1卷 [M]. 北京：人民出版社，1991：136.

增进人民福祉、回应人民需求的核心要义在于全力以赴助力人民推动生产发展。在动员群众力量的过程中，最为关键且首要的任务是给予人民实际利益，而给予人民实际利益的具体体现，便是积极组织、引导并协助人民开展生产活动，提升其物质生活水平，进而逐步提升其政治认知与文化素养。

马克思将发展消费力看作是人本质的确证及实现的基本途径，因此非常重视消费。马克思指出：生产和消费是全部生产的运动的感性展现，是人的实现或人的现实。消费力的培育及发展使人成为人，即本质意义上的人——实现"全面而自由"的发展。

因此，毛泽东积极倡导发展生产，并强调要在生产进步的基础上努力改善人民的物质生活，同时提出人们务必不辞辛劳、持之以恒、认真踏实地探究人民生活与生产方面的实际问题。同时，如前文所述，毛泽东将改善人民生活看作是积累与生产的根本出发点与最终归宿，因此他提出积累的占比不宜过高，应以充分满足人民的消费需要、切实改善人民生活为前提条件。对于积累和消费统筹兼顾的目的在于平衡协调人民的眼前利益与长远利益，最终提升人民的生活质量，满足人民的消费需要。

毛泽东倡导厉行节俭，从长远发展的视角来看，这同样是为了增进人民的福利。他认为，全社会各行业切实贯彻勤俭理念，就能够在有限的资源条件下，实现经济的快速发展，最终满足人民的生活消费需要。他着重指出，不积极倡导发展生产并在生产发展的基础上努力改善物质生活，仅仅片面强调艰苦奋斗，这种观点是不正确的。

三、生产与消费的辩证关系

马克思在《〈政治经济学批判〉导言》中指出了生产和消费之间的辩证关系，他写道："生产表现为起点，消费表现为终点，分配和交换表现为中间环节。"① 在马克思看来，消费是社会生产的终点和社会再生产的起点，是社会再生产不可或缺的环节。生产决定了消费，而消费是生产的最终目的并且对于生产具有反作用。马克思说，社会总资本的再生产和流通这个总过程"既包含生产消费（直接的生产过程）和作为其中介形式的形式转化（从物质方面考察，就是交换），也包含个人消费和作为其中介的形式转化或交换"②。

马克思认为消费和生产是相互依存、互为媒介的。马克思说："生产为消费创造作为外在对象的材料；消费为生产创造作为内在对象，作为目的的需要"③。而且，"没有生产就没有消费；没有消费就没有生产。这一点在经济学中是以多种形式出现的"④。

产品之所以成为产品，是因为在消费中才成为现实的产品。"一件衣服由于穿的行为才现实地成为衣服；一间房屋无人居住，事实上就不成其为现实的房屋；因此，产品不同于单纯的自然对象，它在消费中才证实自己是产品，才成为产品。"⑤ 可见，消费是产品现实化的决定性因素。产品通过消费活动成其为自身，根据不在于产品物化着人的劳动，而在于它是作为主体的消费对象生产出来的。就此而言，尽管消费在时间上后于生产从而表现为整个过程的终点，但是消费是生产得以进行的内在根据，离开了消费的生产以及无法实现为消费的生产，都将变得毫无意义。

马克思指出，消费和生产"每一方都为对方提供对象，生产为消费提供外在的对象，消费为生产提供想象的对象"；而且，"两者的每一方由于自己的实现才创造对方；每一方是把自己当作对方创造出来"⑥。消费"创造出在生产中作为决定目的的东西而发生作用的对象。如果说，生产在外部提供消费的对象是显而易见的，那么，同样显而易见的是，消费在观念上提出生产

---

① 马克思恩格斯全集：第30卷 [M]．北京：人民出版社，1995：30．
② 马克思恩格斯全集：第35卷 [M]．北京：人民出版社，2003：390．
③④⑥ 马克思恩格斯全集：第30卷 [M]．北京：人民出版社，1995：34．
⑤ 马克思恩格斯全集：第30卷 [M]．北京：人民出版社，1995：32．

的对象，把它作为内心的图像、作为需要、作为动力和目的提出来。消费创造出还是在主观形式上的生产对象"①。生产的一般目的在于创造能满足消费需要的对象，在任何生产活动开始的时候，"消费什么、消费多少、怎样消费"等一系列问题都已经作为主观想法形成于生产者的头脑中了。消费赋予生产活动以特定的目的和动机。马克思的"消费生产着生产"观点揭示了消费在观念上对于生产的反作用。

马克思认为消费和生产相互转化，他将这种转化称作是"直接的同一性：生产是消费；消费是生产"②，任何生产或服务都需要消费人的体力、脑力，都需要消费劳动力。

中国传统思想家中，孟子主张在发展生产的基础上，不断提高人民的消费水平："是故明君制民之产，必使仰足以事父母，俯足以畜妻子，乐岁终身饱，凶年免于死亡。"③ 主张发展生产，保障劳动者本人及其家属维持基本生存和社会再生产所必需的消费资料，改善人们的生活。"五亩之宅，树之以桑，五十者可以衣帛矣。鸡豚狗彘之畜，无失其时，七十者可以食肉矣。百亩之田，勿夺其时，数口之家可以无饥矣……七十者衣帛食肉，黎民不饥不寒，然而不王者，未之有也"④，认为保护和发展生产是提高人们生活水平的根本方法。孟子强调发展农业生产，增加粮食产量，提倡发展生产来改善人民的物质文化消费水平。他还提出减轻赋税的主张，以此提高消费水平，进而使国家安定兴旺。

荀子从消费对生产的反作用出发，提出"天下尚俭而弥贫"，认为不能提倡一味地毫无限制地节俭。过度节俭会挫伤人们的劳动积极性，不利于生产。荀子认为消费不只是一种纯消极的行为，消费具有促进生产的积极作用。过度节俭使得生活困苦，将会挫伤民众的美好期盼，也就使民众丧失生产的

---

① 马克思恩格斯全集：第30卷 [M]. 北京：人民出版社，1995：33.
② 马克思恩格斯全集：第30卷 [M]. 北京：人民出版社，1995：34.
③④ 孟子 [M]. 北京：中华书局，2010：14.

第二章 | 兼顾节用之理的实践探索：毛泽东关于发展消费的深刻思考

积极性："蹙然衣粗食恶，忧戚而非乐。若是则瘠；瘠则不足欲；不足欲则赏不行"①。

墨子关于生产和消费关系的论述，体现了他对社会经济问题的深刻洞察。他强调，生产是消费的基础，只有通过发展生产，才能保证和提高消费水平。"为者疾，食者众，则岁无丰"②，即如果生产的人少，而消费的人多，社会就无法实现丰裕。因此，要保证消费水平的提高，必须首先发展生产。墨子认为，五谷是人民赖以生存的基础，也是国家统治的物质保障。如果人民没有足够的粮食，就无法维持社会的稳定和国家的统治。因此，他主张必须尽力耕作田地，加紧粮食生产。

墨子通过称颂古代圣王贤君的治绩，提出了理想的社会经济状况。他提到尧、伯夷、禹、稷等古代圣王，他们通过制定法典、治理水土、教导百姓耕作等方式，大大造福了人民，使得"万民被其利，终身无已"③。墨子以此为例，呼吁统治者应当以古代圣王为榜样，重视生产发展，关心百姓的生活，确保社会的稳定和繁荣。

从前文中可以看到，毛泽东和马克思一样辩证地看待生产和消费，均将二者看作是辩证统一的。

毛泽东强调生产决定消费，因此在不同的历史时期都强调要大力发展生产，如提高苏区、解放区及全国的工农业生产等，以满足人民的消费需要。只有生产发展了，才能提供足够的生活资料和生产资料，保障人民的生活和进一步促进生产。毛泽东始终强调生产的基础性作用，认为只有生产发展了，才能为消费和进一步的革命提供物质基础。

中国传统中重视百姓衣食住行和农业生产的思想，也深深影响了毛泽东。毛泽东非常重视农业的生产，无论是在大生产运动中，还是在新中国建设时

---

① 荀子[M]. 北京：中华书局，2011：148.
② 墨子[M]. 北京：中华书局，2011：30.
③ 墨子[M]. 北京：中华书局，2011：70.

期,他都强调要重视农业,农业的发展,不仅保证了发展工业所需要的粮食和原料,而且也使得日用消费品比较丰富,物价稳定。

毛泽东不仅看到生产对于消费的决定性作用,也充分认识到消费对于生产的反作用。正如前文所提到的,在他看来,生产作为基础,在根本上是有利于消费和生活改善的,生产和消费是相互促进的。强调人民生活改善能够促进生产的进步,为革命打下坚实基础。

四、积累与消费的辩证关系

马克思在《资本论》中指出了社会分配对于消费力的影响和制约:"社会消费力既不是取决于绝对的生产力,也不是取决于绝对的消费力,而是取决于以对抗性的分配关系为基础的消费力;这种分配关系,使社会上大多数人的消费缩小到只能在相当狭小的界限以内变动的最低限度。"[1] 只有公平正义的社会分配才能够为绝大多数人谋利益,才能真正地积极推动消费以及生产。

中国传统思想中,合理储备食物等消费品也是一个常见的观点。例如墨子认为,消费品的积累和物资储备是治国的核心任务之一,其"国备"思想强调了消费品积累和物资储备的重要性。墨子提出,即使上古圣王治下,也免不了出现不可预测的、重大的自然灾害如水旱灾害,以及战争动乱。因此,国家必须提前做好准备,以应对这些突发情况,才能最终长治久安。他特别提到"备粟"和"备兵",即储备粮食和加强军事准备,来抵御饥荒和不正义的战争,确保国家在危机时刻能够渡过难关。他借用《周书》"无三年之食者,国非其国也"的说法,提出在资源有限的情况下,合理分配和使用资源是可持续发展的关键。[2]

---

[1] 马克思. 资本论:第 3 卷 [M]. 北京:人民出版社,2004:273.
[2] 墨子 [M]. 北京:中华书局,2011:31.

第二章 | 兼顾节用之理的实践探索：毛泽东关于发展消费的深刻思考

毛泽东关于分配的思想也承袭了马克思和中国传统思想。和墨子一样，毛泽东也非常重视物资储备，针对积累-消费之间的辩证关系，他提出"国家积累不可太多，要为一部分人民至今口粮还不够吃、衣被甚少着想；再则要为全体人民分散储备以为备战备荒之用着想"①。深受中国传统民本思想浸润的毛泽东，在充分理解马克思主义原理的基础上，对于反映苏联经济建设情况的苏联《政治经济学教科书》进行了批判性地阅读。他一针见血地指出了苏联片面发展重工业，过度重视积累，忽视轻工业和农业，忽视人民生活消费。毛泽东基于马克思生产和消费相互渗透的理论，指出生产离不开消费，生产过程同样是消费。毛泽东提出兼顾积累和消费、集体利益和个人利益时，既反对把个人物质利益看得高于一切，同时也重视人民生活水平的提高，反对不关心群众痛痒的官僚主义。毛泽东明确提出，"随着整个国民经济的发展，工资也需要适当调整"②。

五、节用裕民与增产节约

孔子提倡节俭和适度消费，提出治国必须"节用而爱人"③。认为消费应以满足基本需要为主，反对过度奢侈和贪污豪夺，认为谋取消费资料的方式必须是符合"义"和"礼"。孔子认为，与其奢侈浪费，不如节俭适度。奢侈会导致不谦逊，节俭则可能显得固执。但与其不谦逊，宁可选择节俭："奢则不孙，俭则固。与其不孙也，宁固。"④

孔子反对奢侈，不仅因为奢侈违背个人道德，还会导致社会不公和资源浪费，消费行为应体现对社会和他人的责任感。他提倡将财富用于公益和社会福祉，而不是个人享乐。例如，他提出，"博施于民而能济众"的行为不

---

① 毛泽东文集：第8卷[M]. 北京：人民出版社，1999：428.
② 毛泽东著作选读：下册[M]. 北京：人民出版社，1986：726.
③ 论语[M]. 北京：中华书局，2012：4.
④ 论语[M]. 北京：中华书局，2012：102.

但是仁的行为,甚至是圣人的行为。① 在孔子看来,帮助民众才是执政者被推崇的行为。

荀子也提出要"节用裕民",统治者爱惜民力,才能让民众财产有所保留、国家兴旺。他提出:"足国之道,节用裕民而善臧其馀。节用以礼,裕民以政。彼裕民,故多余;裕民则民富……不知节用裕民则民贫。"② 他还强调只有统治者节制自身,才能让生产得到发展,最终使得民众富裕:"故家五亩宅,百亩田,务其业而勿夺其时,所以富之也。"③

墨子的"节用论"是其消费思想中的核心内容之一,主张通过节俭来保证社会多数人的长远消费,针对统治阶级的奢侈浪费提出了严厉的批评。墨子提出:圣人治理国家注重实用,而不追求奢华挥霍。节用不仅是个人道德的要求,更是国家治理的重要手段,关系到国家的存亡和社会的稳定。通过节俭,墨子希望实现社会财富的合理分配,保证多数人的长远消费需要,进而实现社会的和谐与稳定。墨子提出:"圣人为政一国,一国可倍也;大之为政天下,天下可倍也。"④ 在墨子看来,财富的增长并非通过对外扩张或掠夺实现,而是通过"去其无用之费",即节约不必要的开支来实现。墨子的节用论尤其针对统治阶级的奢侈消费,认为他们的挥霍无度会导致社会财富的浪费,加剧贫富分化。同时,墨子指出,奢侈消费会引发"上行下效"的社会风气,导致全社会形成淫侈之风。这种风气会进一步加剧对百姓的剥削,"必厚作敛于百姓,暴夺民衣食之财"⑤,最终导致百姓无法维持基本的消费水平。墨子呼吁社会财富的公平分配,强调消费应满足社会多数人的需要,而不是少数特权阶层的奢侈享受。

墨子强调,统治者的首要任务是保障百姓的基本生存需求,因此统治者

---

① 论语 [M]. 北京:中华书局,2012:83.
② 荀子 [M]. 北京:中华书局,2011:140.
③ 荀子 [M]. 北京:中华书局,2011:446.
④ 墨子 [M]. 北京:中华书局,2011:180.
⑤ 墨子 [M]. 北京:中华书局,2011:35.

第二章 | 兼顾节用之理的实践探索：毛泽东关于发展消费的深刻思考

应当节俭，减少不必要的开支，尤其是在宫室、衣服、饮食、舟车等方面的奢侈消费。例如，他主张"短丧薄葬"，反对厚葬和过度操办丧事，认为真正符合民众与国家利益的行为必须适度，而厚葬的极端会让国家贫穷、人口减少。① 墨子提出在灾荒时期，统治者应当削减官俸，精简国家机构，加强社会救济，确保百姓的基本生活需要。在基本生活需要得到满足后，才能追求更高层次的消费。

从之前的论述中可以看到，无论是革命战争年代，还是新中国经济建设时期，毛泽东都充分认识到党和国家事业所面临的物质资料匮乏的情况，因此他始终严厉反对浪费。为了建设重工业和国防工业，也为了提高人民生活水平和消费水平，需要全国范围的增产节约。② 全社会践行勤俭的原则，我们才能在有限的资源条件下，实现经济的快速发展，逐步摆脱贫困，走向富强。③ 在这一方面，毛泽东关于消费的思考体现了中国传统中"节用裕民"的思想与革命建设实践相结合。

孔子和墨子等人都提出，奢靡消费会带来巧取豪夺和社会风气腐化。中国传统思想和马克思关于人类解放的思想一起，成为毛泽东关于消费的思考中倡导节约的思想源泉。正如前文所提到的，反对贪污和浪费的斗争也被毛泽东看作一种反对官僚主义的斗争。毛泽东提出倡导节约有助于整肃党纪和改善作风，使得党内干部和群众同甘苦，不计个人名利，克服脱离群众的危险倾向。在日常生活中，毛泽东也以身作则，始终保持节俭的作风，讲求公私分明。从关注民生、注重节俭以及辩证看待生产和消费关系等方面，毛泽东对消费进行了深入思考，在中华优秀传统文化和马克思主义理论的基础上，为我们留下了宝贵的理论指引和精神财富。

---

① 墨子 [M]. 北京：中华书局，2011：31.
② 毛泽东文集：第 6 卷 [M]. 北京：人民出版社，1999：207.
③ 毛泽东文集：第 6 卷 [M]. 北京：人民出版社，1999：447.

第三章
眺望数字消费的价值追问：
概念、悖论与干预

近年来，数字技术不断跃升，数字经济不断取得新发展，数字消费也随之发展起来。虽然数字经济已经成为一个热点问题，但从研究现状看，专门针对数字消费的研究尚不丰富，且相关研究成果只是从 2020 年开始有明显增长趋势。从数字消费相关研究可以发现，目前对于数字消费概念的理解仍然存在诸多不同意见，且对于数字消费发展问题也存在两种不同的倾向，即如何促进数字消费以进一步发挥其对经济发展的促进作用，以及如何看待数字消费中的各类新问题，这实际上反映出了数字消费作为发展引擎与其中存在的数字陷阱之间的悖论。对此，政府和消费者如何面对数字消费的发展，政府如何在推进与规制数字消费中寻找平衡，消费者如何在拥抱数字消费与跳出数字陷阱中维护自身利益，已经成为一个值得思索的重要问题。

第一节　数字消费的概念：技术作为消费的手段与目的

数字消费概念的出现反映了人们对消费新变化的理解，但目前人们对数字消费的理解大多还停留在生活用语或政策用语的层面上。从学术研究来看，作为一个新兴研究领域，学术界对数字消费概念进行了研究，但在对数字消费概念的内涵和外延的理解上还存在诸多差异和混沌，尚未形成较为权威、统一的认识。目前对于数字消费的理解，一是从技术出发对数字消费进行定义，如将数字消费定义为数字经济快速发展带来的新消费模式，是以互联网、云计算、人工智能等新技术为依托，面向数字化产品及服务的消费活动。[1] 但从技术角度分析数字消费也存在不同的理解，即从外延上，将数字消费区分为数字化商品和数字商品。例如，有学者认为数字化商品比如平台网购、数字医疗、数字教育等，数字商品就是各大数据交易所交易的数据。[2] 这里将数字商品理解为数据交易所的数据则是一种狭义的理解。二是从历史或社会发展的角度对数字消费加以定义，特别是从传统与现代的对比中，把握数字消费的特点，将数字消费理解为一种在原有消费方式中发展出来的东西。如有学者认为，数字消费是消费在数字场域中的扩展与延伸，反映了生产关系数字化时代化的演变。[3] 三是从消费关系结构出发，一般从消费主体、消费对象的特征变化以及二者之间的关系变化角度理解数字消费。如有学者指

---

[1] 彭泗清．我国居民消费结构变迁：新维度与新趋势［J］．人民论坛，2023（18）：21-24．
[2] 杨雪情．数字消费更进一步有何对策？［N］．河南商报，2024-11-14（A8）．
[3] 赖立，谭培文．数字资本主义时代下数字消费内蕴矛盾及其消解路径［J］．当代经济研究，2023（11）：28-36．

出，数字消费是以数字产品或服务为消费对象的消费活动，表现为消费行为、消费对象数字化，是数字经济的重要引擎。[①] 在此基础上，要对数字消费进行更全面和深入的理解，可以从消费对象的数字技术特点，以及消费对象在消费主体进行消费时所起的作用是手段还是目的进行理解。当然对于数字消费的理解也可以从生产领域的数字消费和一般意义上的消费来理解，但篇幅所限，这里不对生产领域的数字消费进行特别探讨，而主要从一般意义上的消费加以说明。

一、作为技术的数字消费：消费对象的一般性与特殊性

从一般意义上来讲，数字消费之所以作为一种消费类型，其基本标准在于技术特点，因此从这一点来看，数字消费概念体现了人类技术发展的一般性与数字技术的特殊性。从历史发展看，数字消费在时间上是在以往的消费方式之后产生的，但数字消费的产生并非直接来源于原有的消费方式，这种新的消费只能在生产发展到一定阶段才能出现。虽然我们从生产与消费的辩证关系中看到，"消费创造出新的生产的需要，也就是创造出生产的观念上的内在动机"[②]，但这种观念上的需要的提出，还需要生产在现实上的真实发展。而正是科技革命的不断发展，特别是技术的积累，才使数字消费成为一种现实的消费方式。这种消费方式的划分是基于技术特点的，与其他类型的消费如绿色消费基于人与自然关系的考察、健康消费基于人本身的身心阶段和状况等划分标准存在着不同。因而，从技术角度来看，数字消费实际上就是根据技术发展变革区分消费的类型，其一般性在于技术发展带来的生活方式和消费方式变革，并基于这种变革使数字消费作为一种消费类型被单独划

[①] 邹永红，李红亮. 数字资本场域下的数字消费主义：出场、表征与祛魅［J］. 学习与探索，2024（7）：127-133.

[②] 马克思恩格斯全集：第30卷［M］. 北京：人民出版社，1995：32.

分了出来。

　　实际上，这种分类方法是我们对人类文明发展加以理解时经常使用的。无论我们说的石器时代、青铜时代、铁器时代等，还是我们所说的蒸汽时代、电气时代、信息时代等，实际上都是以当时最鲜明的技术特点作为一种分类方式。而在当代，数字技术的发展引起了人类生活的巨大变革，数字技术也因而成为鲜明的技术特点。但实际上，这种划分方式虽然具有很高的历史进程的辨识度，但必定只是对社会发展的一个侧面的理解，且往往属于单纯技术上的生产力划分方式。这实际上对于我们理解数字时代的整个经济运行和社会变革，以及数字消费还远远不够。因而这里的一般性在于技术对消费变革的直接推动作用，这一点对人类来说在任何时代都有着同样性质的作用。而特殊性在于与以往时代相比，数字技术对消费的影响具有特殊的性质。这种消费的特殊性从根本上来说源自数字技术的特点，这种特殊性表现在数字消费的核心在于信息的加工与使用。可以说，数字消费从其技术特点来看，其本质在于对信息的消费。因此，从消费对象的技术特点理解数字消费概念，可以认为数字消费是建立在数字技术基础之上，人运用数字形式将各类信息加以保存并通过通信网络、计算机等设备加以传输和再现，并使其满足人的某种需要的活动。这种数字技术以 0 和 1 的二进制组合为基础，通过相应规则将各类信息转化为计算机可识别处理的数字，这种作为信息而存在的数字，成为将数字消费单独划分为一种消费方式的技术原因。

　　这种信息可以直接面向人的感官，通过声音和显示设备等各类设备给人传达可直接接受的信息。首先，这种面向人的感官的信息消费可以分为两类，第一类是偏向于拟实的，即通过对现实事物的多维度数据化，以实现对现实事物的模拟，从而可以在此基础上以事物信息的传播代替事物本身的传播，进而满足那些只需要观念的满足而不需要现实的满足的场景。正如货币在执行价值尺度时仅需要在观念层面上使用，而不需要真正拿出来使用一样，在这样的场景下，数字信息同样是以满足人的观念需要，而不需要将事物的原本放在人的面前。这一类消费主要在于对原有事物或信息进行数字化再现。第二类则偏向于再现人的主观思维。在数字化技术产生以前，人进行主观思维的交往或再现，一般需要通过语言、文字、绘画等形式，使主观思维客体化，从而使主观思维成为他人可感知的事物，从而大大促进了人与人之间的交往。数字技术的发展为人的思维活动的再现和主观思维的交往提供了更优越的条件。运用数字技术使人的思维活动过程以及精神活动结果客体化，从而满足人的多重需要。前者如人工智能对思维活动的模拟，如人脸识别、聊天机器人等，后者如电子游戏就可以对人的头脑的各类想象加以再现，而人可以运用数字设备在这种电子游戏客体中进行探索或交往。其次，这种信息的消费还可以通过数字信息达到对客观事物的控制，从而满足人的消费需求。具身人工智能实际上就是通过这种方式给客观事物安装信息控制系统，从而实现与客观世界的自主交互，进而满足人的某种需要。在这种情况下，人工智能作为一种智能体在某种程度上取代或减少了人在实现自身消费时要付出的劳动。但同时要注意的是，这种技术上的特殊性当然可以对消费进行划分，甚至各类其他技术也可以因其特点而被称为某种技术类型的消费，如新能源消费、智能消费等，而实际上自人类步入文明时代，技术一直在推动着消费变革，只不过那些习以为常的消费形式所蕴含的技术在今天似乎已经不被认为是一种技术，而是一种自然而然的消费形式了。因此，数字消费之所以在今天被关注重要的原因在于其新，在于其处于科技发展的前沿和爆发时期，尚未成为一种习以为常的普通技术。

但是在面对数字消费的技术特点时，存在两种倾向，一是把所有与数字技术相关的消费全都归结到数字消费领域，二是只把对信息或数据的消费当作数字消费。对于前者，实际上忽视了数字技术并非完全独立的一种技术，因为数字技术具有很强的渗透性，可以参与到各类不同的消费领域，这实际上可以说是广义的数字消费。对于后者，则仅仅将数字消费局限于虚拟世界，因而这种消费也被称为是虚拟消费，这可以说是狭义的数字消费。正如随着人类意识的产生，世界被二重化为客观世界和主观世界一样，随着数字技术的发展，世界被二重化为数字世界和非数字世界，数字世界似乎在某种程度上成为与现实世界平行的世界。因而，在这两种广义和狭义的理解当中，出现了一对矛盾的概念即现实世界的实体消费和数字世界的虚拟消费。但实际上，这里的虚拟概念和现实概念并不真正准确反而会让人产生理解上的混乱。这种区别容易让人忽视二者之间密切的联系，实际上虚拟世界并不虚，而是具有很强的现实性，它既可以是现实世界的数字化表达，也可以是主观世界的客观化表达，但无论如何，这种虚拟世界实际上相对于人来讲是一种"信源"，当人作为主体通过中介如计算机把握这种信源时，虚拟世界的数字信号就可以成为一种信息了。因而，对于数字技术发展所展现的二重世界，实际上应当从二者的统一中加以把握，这种统一在于作为主体的人的需要，在于对数字信号所表达的符合人的需要的信息的需要。

二、作为手段的数字消费：满足消费者需求的中介

对数字消费的理解并不能单纯从技术角度加以理解，还必须从主体的需要出发，根据主体在消费过程中数字技术发挥的现实功能，即这种数字是作为手段被消费，还是作为目的被消费来理解，并根据具体情况对数字消费进行细分，从而更清晰地展现数字消费的不同类型及其之间的区别，以减少目前在理解数字消费时使用"数字化商品"与"数字商品"进行区分时产生的某些混乱。具体地，从手段方面来看，这种数字消费只是满足消费者需求的中介，而非满足消费者最终的消费目的，主要涉及数字信息的传输方式使原有消费方式在空间和时间上的扩展，以及因此而生的协助这种数字消费的虚拟数字服务。这种数字消费借助数字技术打破原有消费时空限制，如各类网上商城和店铺，但消费者要消费此类产品仍然需要通过现实的运输过程将商品运送到消费者面前的一种消费。在这里，数字技术只起到一种远程辅助作

用，这种辅助作用主要表现为对商品信息进行数字传输，甚至添加与之相应的虚拟的消费选择活动，如价格比较、虚拟试衣等，从而打破了原有消费的时空限制。数字技术在这里是作为一种手段，其起的作用是使原来必须摆在购买者面前的事物只是作为一种信息摆在其面前，因而购买活动可以先于消费，而当远端的商品通过运输来到消费者面前时，这种消费才得以开始。这种消费只是在形式上改变了原有的消费模式，而没有真正改变消费本身的性质。

第一，数字技术起到数字信息传输作用从而改变消费方式。这里的数字信息传输所指的只是对消费品信息加以数字化，从而使消费者在千里之外也能掌握商品的基本信息。但这种数字传输必然要产生新的费用，无论是对销售者来说还是消费者来说都是不可或缺的。其费用主要包括服务器、手机或计算机终端设备、软件开发和维护、带宽或流量成本等。这些成本分别由服务提供商和消费者来进行承担，因此在这种数字消费中，数字技术的投入实际上表现为商品流通费用。这种流通费用所起到的主要作用是：将商品的副本而不是真正的商品运送到消费者的面前，消费者面对的是信息而不是实物，这实际上从两个方面拓展了消费的空间，一是对销售者来讲，其销售空间得到了无限延伸，销售空间的边界取决于网络信息传输的边界，二是对消费者来讲，其购买空间同样得到延伸，不必到一个具体的商场就可以选择自己所需的商品。那么这种运送商品信息的数字传输是否像传统的实物运输那样，将运输工具的价值和运输劳动的价值追加到商品中呢？马克思指出："一般的规律是：一切只是由商品的形式转化而产生的流通费用，都不会把价值追加到商品上。"[①] 但商品物品的消费使物品的位置变化成为必要，从而使商品在空间的实际移动即运输成为必要，这种运输是一种价值追加过程。因此，在数字时代，这种商品信息的数字传输是否成为必要，则成为判断其作为非

---

① 马克思恩格斯文集：第 6 卷 [M]. 北京：人民出版社，2009，167.

生产费用加以扣除还是作为生产费用追加为商品价值的依据。但可以看出，此类数字消费中数字技术实际上传输的只是商品信息，对消费起到辅助作用，而不能让消费者真正消费到商品。因此，这一情况下，数字传输对消费方式的改变实际上增加了流通的环节，并可能增加流通费用，之所以说可能，是因为今天数字技术支撑的仓储技术和线上直售的方式也可能会减少中间环节的流通费用，使商品不经过不必要的运输而增加费用。但有一点是肯定的，即网上交易达成后进行的实物运输所产生的费用必然会追加到商品价值中去，这一点与以往的商品流通相比没有变化。

第二，数字技术除商品数字化信息传输外，还因此而发展出了辅助网上消费的虚拟选择功能。这种功能一部分是因数字化而产生，需要对原有消费选择活动加以虚拟化的功能。如虚拟试衣，一般来讲，就消费者的消费品而言，工业化统一制成的衣物往往需要更多的试穿活动才能加以恰当选择，而商品信息的数字化传输面临着这样一个无法试穿的巨大缺点，并且容易造成消费者与消费对象的疏离，从而不利于此类商品的高效流通。因而，需要以相应的数字虚拟技术加以试穿，这实际上是缓解数字化技术缺点而需要增加投入的费用。与此同时，数字技术的另一部分功能是，可能减少在没有数字技术时消费者在消费时所需要完成的时间精力的投入。如商品价格的比较上，数字技术不仅可以更好地统计同一商品的历史价格变化趋势，帮助消费者在更恰当的时间购买价格更低的同一商品，也可以对同样的商品在不同商家那里的价格加以对比。消费者还可以利用网络社交媒体了解更多商家和商品信息，从而在一定程度上减少信息不充分带来的价格偏差。而消费者在原有的消费模式中要实现这一点，则往往需要更多时间的投入，如现实的去货比三家和讨价还价，从而损失掉更多的用于购买生活资料的时间。从这个角度来讲这种数字消费具有降低购买时间的功能，因而对于消费者来讲，具有降低消费者实现消费所需时间的功能。

在这种数字消费中，数字技术实际上是作为中介出现的，它可能是一种商品信息传播手段，可能是一种虚拟数字化场景，但这里的数字技术提供的不是消费者最终需要的消费品，也不是直接用于消费主体的消费，因而这里的数字消费表现为最终消费目的中介。当然这里还涉及一个新问题，就是随着数字技术的发展，特别是生成式人工智能技术的发展，已经有一些产品如人工智能大模型，开始从事数字产品的生产，这种生产已经日益涉足诸多领域，从自然语言、图像到视频，这种对于信息的创造和加工使人们的数字消费有了日益增加的各类新对象。即我们消费这种"数字消费品"实际上是为了让它生产我们所需要的"数字消费品"，因而这种生成式人工智能是作为手段而存在的，而它们所创造的信息才是消费者的最终目的，只不过这一形式所进行的不是单纯的数字信息传输，而是数字信息的生成。

三、作为目的的数字消费：直接满足消费者的最终消费需求

与作为手段的数字消费不同，另外一种数字消费将数字产品作为最终消费目的，在这种消费中存在着三类不同的消费对象：一是原有非数字产品的全面数字化或虚拟化；二是运用数字技术加以创造的无法在原有消费形式中实现的新型消费；三是数字技术与各类非数字消费品相融合的产品消费，这种消费日益展现出广阔的前景。

第一，存储介质数字化的产品消费。这种数字消费品实际上只是改变了原有信息的储存介质，这种改变虽然都可认为是数字消费，但其根本属性应当说主要在于所承载的内容本身，这种数字消费品实际上是一种文化产品，比如数字图书、数字音乐、数字电影等。这种数字产品实际上改变了原有信息的存储方式，但无论存储方式为何，消费者消费的产品内容并不发生根本变化。但存储方式的变革，也需要与之相应的信息解码方式的变革，例如纸质图书我们只需要直接打开它并在适宜的光源下阅读，黑胶唱片和磁带唱片需要不同的机械转化为声音，而数字化的消费品则需要相应的计算机设备加

以处理，才能展现到人的面前，进而满足人的消费需要。这种数字消费在一般情况来看，似乎并未在根本上对原有消费品的内容进行改变，而只是进行了一种形式上的改变。但实际上，这种介质的改变或数字技术的发展并不是对原有消费品没有任何影响，实际上这种形式变化反过来也影响了消费内容的生产与传播。对于这一点，"在本雅明对机械复制时代的艺术作品的分析中，艺术作品可以被分为机械复制时代的和传统的两种类型。在机械复制影响下产生的摄影和电影，使得对艺术作品的界定不再明朗。可以说，机械复制的艺术作品造成了对艺术认知的挑战：艺术的概念含义不再契合，艺术的价值评判发生变化，读者的欣赏方式也有了转变"[①]。而在今天的数字时代，原有作品的机械复制得到了更为巨大的变化，其复制成本和再现的作品品质等都发生了很大的变革，实际上也在改变着消费者的消费方式。而且与本雅明时代相区别的是，数字时代的复制更增加了一种可变性，数字滤镜和各类特效的使用和流行，使这种数字消费品在形式和内容上都产生了新的变化。当然由于这种消费品的载体特征，使这种消费与以往的消费相比具有更强的耐久性和更便利的可复制性和传播性。

第二，基于数字技术的全新产品消费形式。这种消费是得益于数字技术才产生的新的，是一种在原有技术条件下不可能实现的消费方式。例如，被称为"第九艺术"的电子游戏，就属于这种新型消费方式，今天电子游戏市场已经成为一个规模庞大的消费市场。电子游戏本身作为数字代码实际上已经成为了消费目的本身。虽然电子游戏要借助于相应的电子设备才能够加以使用，但正像文字要有载体才能展现给人一样，电子游戏同样要有相应的载体加以呈现，但人消费的纸质书籍与电子书籍在内容上是同一种商品，只不过后者是一种数字载体的商品。但电子游戏却不可能采用以往的载体形式，这种商品与第一类数字商品有着明显的区别。与此同时，电子游戏为了提升

---

① 王子铭. 作为艺术事件：本雅明论机械复制时代的艺术作品 [J]. 文艺评论，2022 (3)：11-19.

其吸引力还融入音乐、绘画等多种艺术形式于其中，成为一种综合性艺术产品。除电子游戏外，此类消费品还有近年来出现的各类数字人，这些数字人是一种虚拟化的人物，可以在不同领域实现各类不同的功能，如社交、新闻播报、心理陪伴、多媒体信息生成等。这种消费品的重要特点在于其具有明显的交互性、一定的自由度和创造性，从而成为一种全新的消费品，而这种特点在其他类型的消费品中是无法实现的，且这种消费品具有完全的数字形态，并不能脱离电子计算机等类似设备而呈现为具身实体。因而，这种数字消费品的重要特征在于一种对现实可能或不可能得到的产品的虚拟性和替代性。

第三，基于数字技术特别是智能技术的融合类产品的消费。此类产品往往将数字技术特别是智能技术与现实的人们需要的产品融合起来，并使用数字技术在某种程度上替代或完成某些以往由人来完成的任务。目前在消费领域使用较多的有智能驾驶、智能家居等方面。这类产品一般可以被归结到具身人工智能这一概念之下，例如近年来引起较大关注的"萝卜快跑"自动驾驶出行服务平台，就使用自动驾驶汽车为消费者提供出行服务。这种数字消费形式将数字技术融入以往的各类消费产品中，通过对其进行数字化智能化改造，将原来需要人进行操作的部分转由人工智能接管。这类产品的消费中，消费者的需求没有变，但满足消费者需求的方式却发生了改变，从以往需要人来进行服务，变为由具身人工智能来进行服务。与第二类数字消费品的虚拟性相比，此类消费是在数字环境之外的，此类消费的最终目的不是购买数字产品，但将其称为数字化消费的原因主要在于满足需要的方式发生了变化。

第二节 数字消费的发展悖论：发展引擎与数字陷阱

近年来，数字消费发展十分迅速，已经成为一种不可忽视的力量，但在面对这种新兴的消费时,却产生了两种不同甚至截然相反的声音。这两种声音关注于数字消费的两种作用:一种将数字消费看作经济发展的新引擎,力求大力推进数字消费发展以更好带动经济,形成新的增长点;另一种则关注于数字消费陷阱,发现数字消费的负面效应,并对数字消费进行了批判。在对这种发展悖论的剖析基础上,才能更好地应对数字消费的发展。

一、数字消费的产生与发展

消费就要有被创造出来的可以被消费的东西,数字消费的产生随着数字技术的发展而建构起来。身处于一个数字消费大发展的时代,我们发现各类数字消费品在不断增加并不断加深对我们生活的影响。而要为当前数字消费的发展划定几个具体的阶段还较为困难,因为数字技术仍然处在迅速变革之中。但我们可以确切地说,数字消费在几十年的发展中,经历了从小众到大众、从小品类到大品类的量变,这种发展与数字技术的不断积累和突破处于正相关的状态。

应当说,最初的数字产品还不是普通人的生活资料,而是作为生产资料存在的。这种数字产品并非用于个人的消费,也难以用于个人消费。从20世纪后半叶,特别是从20世纪70年代开始,数字产品消费经历了一个相对于今天较为漫长的早期准备阶段。在这个时期,个人计算机诞生;互联网的基础得以奠定,传输数字信号的光纤在90年代开始应用于互联网;数字移动通信技术在90年代开始商用,开启了代替模拟通信技术的历程。可以说目前数字消费的三个核心要件:个人计算机、互联网、移动通信在这个时期都已经奠定了基础。数字消费也正是由此才真正进入个人生活,成为个人的生活资料。正是在20世纪90年代开始,数字消费迅速发展的基础已经具备,此前的历程正像扎根时期,随之而来的是21世纪数字消费的蓬勃发展。也正是在这一时期,美国学者尼葛洛庞帝出版了一本畅销书《数字化生存》,预见了人类生存方式的变化。正如人们常说的，21世纪是信息的世纪，随着信息技术的发展，数字消费也蓬勃发展起来，数字消费产品的品类也日益影响着人们生活的方方面面。与此同时，值得一提的是，2016年阿尔法围棋（AlphaGo）战胜围棋世界冠军这一事件，标志着由深度学习开启的新一代人工智能的突破性进展，而2022年OpenAI正式发布的ChatGPT更是引领了生成式人工智能的发展风潮。由此引发的各类人工智能数字消费品开始直接进入日常生活，如门禁系统、辅助驾驶、自然语言翻译、多媒体内容编辑生成、多种用途的机器人等，并展示了一种广泛应用的光明前景。此外与之相关的各类数字技术和产品，如大数据、物联网、区块链、元宇宙、数字孪生也得到了广泛发展。

中国的数字消费也经历了类似的发展阶段，从互联网来看，中国在1994年正式接入国际互联网，正式开启了互联网时代，经过30年的发展，到2024年12月，中国网民规模已经超过11亿，达到11.08亿人。[1] 而中国移动通信从2000年开始大规模商用2G到今天的5G，20多年的时间至今已取得飞速发展。而个人电脑和智能手机也已经成为人们生活中不可或缺的一部分。据统计，中国数字经济的规模由2012年的11.2万亿元已经增长到2023年的53.9万亿元，11年间扩张了3.8倍，人工智能核心产业规模接近5800亿元，中国已经形成全球最大的数字消费市场，仅从数字消费中的网络零售额来看，2023年就达到了15.42万亿元。[2] 与此同时，各类其他类型的数字消费如数字通信设备、网络直播、数字文旅、电子游戏等领域的消费也迅速发展。今天，中国的数字消费者日益增长，其中"90后"、"00后"、"银发族"、女性和农村用户等数字消费新势力不断扩大，为数字消费增长注入新

---

[1] 中国互联网络信息中心. 中国互联网络发展状况统计报告（第55次）［EB/OL］.（2025-01-17）. https://www.cnnic.net.cn/n4/2025/0117/c88-11229.html.

[2] 李芃达. 从11.2万亿元到53.9万亿元：数字经济发展动能强劲［N］. 经济日报，2024-09-24（1）.

动能。① 可以说，近年来中国的数字消费无论是在量上还是在领域和场景上，都取得了巨大发展，由此也进一步培育了新的数字消费主体，数字消费已经成为一种重要的消费方式，并日益成为一个备受关注的问题。面对数字消费展现的巨大力量和变革，包括政府、企业、学者、民众等方面都对数字消费的发展做出了多种回应。这种回应可以分为两个重要倾向，一是对数字消费寄予厚望，以借此进一步推动国家经济发展，提升企业竞争力和利润，改善个人生活质量；二是着重分析数字消费存在的问题，特别是与人们对数字消费的期望相反的发展趋势。但不可否认的是，数字消费已经极大地影响了人的生活方式，以致直接影响了人自身的生产，进而也同样反作用于经济循环过程，且在未来的发展中也必然给人类生产生活带来深远变革。

二、数字消费作为发展的新引擎

在全球需求偏弱的情况下，数字消费被寄予厚望并被视为新的重要发展引擎。面对复杂多变的国际形势，特别是受世界经济增长乏力，贸易保护主义抬头等情况的影响，中国经济也受到了外部循环的不利影响。同时，中国国内经济也处于结构调整转型的关键期，社会对经济发展的预期偏弱，国内需求不足。对此，2024年12月举行的中央经济工作会议认为，当前"中国经济运行仍面临不少困难和挑战，主要是国内需求不足，部分企业生产经营困难，群众就业增收面临压力，风险隐患仍然较多"。② 可见，内需问题已经成为影响整个经济发展的重要问题。针对这一情况，诸多学者认为发展数字消费是提高消费需求，促进经济高质量发展的有效途径，中国政府也提出了

---

① 中国互联网络信息中心. 互联网助力数字消费发展蓝皮书 [EB/OL]. (2024-06-28). https://www.cnnic.net.cn/n4/2024/0708/c88-11037.html.
② 新华社. 中央经济工作会议在北京举行 [EB/OL]. (2024-12-12). https://www.gov.cn/yaowen/liebiao/202412/content_6992258.htm.

诸多政策助推数字消费的发展，取得了重要成效。应当说，数字消费被看作发展引擎，并被高度重视和主动推进，其原因主要在于数字消费不仅是扩大需求、拓展销售市场的需要，也是推动生产发展促进经济运行的需要，还是满足人民日益增长的美好生活需要的重要途径。

第一，数字消费本身就是消费市场的扩展。在市场经济条件下，生产要继续进行就必须把产品销售出去，而要销售就必须有消费市场。如果生产的商品找不到市场去销售，那么就必然要反过来破坏已有的生产。这种市场的开拓和占领，一方面是单一层面消费者的增加或消费者对同一商品消费量的提升，但随着整个世界都成为紧密联系的世界市场，以及一些国家以贸易保护主义减少外部商品的进入，从而使这一层面的消费市场难以继续拓展了。但另一方面，消费市场的扩展还有一个方法即创造一种新的需要，从而扩大市场。数字消费实际上就是在数字技术条件下，对人的需要的重塑。在这一条件下，数字产品的生产培养了新的消费动力，并且培养了越来越多的有能力消费数字产品的消费者，从而使数字消费成为备受关注的消费方式，特别是在当今世界市场总体面临需求不振的情况下，数字消费因其特殊表现而备受关注，并被看作是拓展消费市场的重要途径。

第二，数字消费与数字商品的生产具有同一性，从而使其成为促进经济发展的重要一环。"消费创造出生产的动力；它也创造出在生产中作为决定目的的东西而发生作用的对象。"[①] 可以说，数字消费因其更好地满足人的需要的特性而日益受到消费者的青睐，大力推动了与之相关的各产业的发展。例如，2024年一款国产游戏《黑神话：悟空》成为了现象级消费品，不仅在发售之初就以极高的国内外关注度和巨大销量跃出了电子游戏市场的范围，以游戏的真实取景地引发了山西等地的文旅热，还推动了中华文化在世界范围的传播，并出现在了2025年1月浙江省十四届人大三次会议的政府工作报

---

① 马克思恩格斯全集：第30卷[M].北京：人民出版社，1995：32.

告中。由此可见，一款数字消费产品对于诸多产业的巨大带动作用。除此之外，如果我们进一步拓展对数字消费的理解，将生产领域中的数字消费也纳入进来，那么更为显著的变化是数字消费对于生产过程的改造和推动。今天的数字技术作为一种新质生产力，已经像电的广泛使用一样，开始逐步进入生产的各个环节并转化为强大的生产力。而从产业资本的三个组成部分货币资本、生产资本和商品资本来看，三种资本都已经呈现出明显的数字化特征，并进行着产业资本的数字消费。其中，货币资本的数字化融通拓展了产业资本融资活动范围，数据资本化与生产资本的数字化不断发展，而商品资本借助数字技术加速商品转化为货币的过程。① 因而，可以看到数字消费对于整个资本循环和经济发展所产生的巨大作用。而从我国经济的高质量发展来看，由于数字技术所具有的先进性，需要数字技术和数字消费为整个经济质量的跃升提供支持。

　　第三，数字消费是满足人民日益增长的美好生活需要的重要途径。数字消费最终是由消费者完成的，只有消费者将数字产品消费掉，生产的目的才得以完成。消费的最终目的实际上在于人的需要的满足，而在这种需要的满足中，消费者进行自身的再生产，并在这种消费中实现自身的发展。数字消费作为一种新兴的消费方式，虽然数字或比特只是一种计算机数据储存的单位，其本身并不能吃喝住穿，不能满足人的最基本的自然需要，但它却能帮助人的这些需要得到更好地满足，并且能够更好地满足人对于信息的需要，对于由数字所表征的精神文化产品的需要。因而，数字消费也可以被看作是促进人的发展的新引擎，生活在数字时代的人所能够接触的信息和能够达到的需要满足的程度，同样生产着数字时代的人。在某种程度上，数字消费进一步发展了人的独立性，虽然这种独立性仍然没有摆脱马克思所说的物的依赖性，但这种数字消费所建构的新的数字生活方式在某种程度上来看，给人

---

① 张昕蔚，刘刚. 数字资本主义时代的资本形态变化及其循环过程研究［J］. 社会科学文摘，2024（7）：85-87.

的美好生活需要的满足带来了积极的因素,否则数字消费不可能发展起来,不可能被人们广泛地接受。

因此,至少从这三个方面看来,数字消费在目前的发展状况之下是一个重要的新发展引擎,不仅不能阻止它的发展还要促进它的发展。实际上,要不要积极发展数字消费已经不成为问题,因为技术积累和创新必然要推动数字消费的发展,这是生产力发展趋势所决定的必然方向。正像不能因工业发展过程中的问题而要求回到农业社会一样,数字时代已然到来,我们不能因看到数字消费中的众多问题而要求一种逆历史潮流的去数字化,而必须着力思考和解决数字消费时代的新问题。

三、数字消费发展中的数字陷阱

数字消费作为一种新兴的消费方式,当它在对整个经济运行和人们的生产方式起到巨大变革作用的同时,也出现了一系列的消费陷阱,在消费过程中消费者成为数字成瘾者、数字牢笼的被困者、被欺骗者、被监控者等,总之以数字手段使其丧失某种主体性而成为资本谋利的工具。这种陷阱甚至已经扩展到了消费领域之外,与电信诈骗、人口贩卖联系起来,通过数字信息渠道,诈骗转移巨额财富,从而改变了数字时代以前的犯罪方式。因而可以看到,与数字消费的兴起相伴随的是一种数字陷阱。这种陷阱在某种程度上成为经济健康发展的障碍,成为人的自由全面发展的障碍,因而似乎产生了一种逻辑上的矛盾,即数字消费究竟应当被赞扬还是被批判。但在回答这一问题之前,应当首先对数字消费领域呈现的数字陷阱产生的原因进行分析。

第一,来自技术不完备性的数字消费陷阱。这种数字消费陷阱实际上是技术上的某种缺陷造成的。当然这种数字技术上的缺陷之所以能够被使用往往是技术之外的社会原因。但就数字技术进入消费领域来讲,从厂商、消费者、监管部门等来看，一般仍然倾向于当技术达到某种成熟度后才会被销售和购买，否则无论对哪一方来讲都是一种损失。但目前的数字技术也并不能保证百分之百不出现意外或者问题，特别是数字技术也可能面临一种类似于"电车难题"的困境。例如，在自动驾驶领域，当自动驾驶汽车面对突发状况即将出现车祸时，选择撞向何方，以保护路人还是驾驶人，是否完全按照交通规则避责而不考虑人的生命等，这类情况在目前的技术上仍然存在着难以解决的问题。同时，自动驾驶汽车就发展程度来讲，也面临着识别道路和外部事物不准确的现象，比如将广告牌上的事物识别为真实的事物，从而作出不正确的判断，因而这种情况下自动驾驶还只能作为一种辅助系统，并且需要处理好数字技术与驾驶人之间的权责问题。与此同时，在其他的数字消费领域也是如此，特别是随着生成式人工智能的发展，通过与人工智能的对话获取想要的信息或让其提供相应的答案也成为一种新的消费形式，但目前往往由于技术问题，导致人工智能出现幻觉或虚假信息，这些信息可能因不符合主流价值观而引起人的不适，也可能因其信息给人的认知或行动产生误导，虽然产品的制造者本身并没有这种意图，但确实可能产生一定的危害。因而，就技术而言，必须在其应用中得到检验并不断完善，才可能解决因技术缺陷而形成的数字陷阱问题。

　　第二，来自资本逐利的数字消费陷阱问题。这种陷阱的来源并非技术本身，而是数字技术的资本主义应用带来的。正如马克思在对资本进行研究时，对机器与资本之间的关系进行了深入的研究，并指出表面上看机器给工人带来了苦难，而实际上这种苦难并非机器本身带来的，而是机器所承载的资本关系带来的。也因此，马克思同样认为工人在最初的斗争中，直接去捣毁机器，而不是与资本主义生产关系做斗争，实际上就是由于资本这种社会关系被机器这种物遮蔽了。同样，数字消费中的一系列问题，也往往会采取一种技术的方式来呈现，并且将问题归因于数字技术或消费者个人的问题而遮蔽资本关系的问题。例如，在研究平台经济的过程中，许多人提出的观点是平台劳动者被束缚在算法里，被算法所支配，而平台的使用者同样也被算法所"算计"，成为平台的谋利工具，而在这种矛盾发展到一定程度后，推行"算法向善"也就成为了一种被广泛关注的问题。但实际上，算法只是资本与劳动者或消费者之间的中介，似乎矛盾的焦点在于算法本身，而算法背后的资本运行似乎并不是造成问题的根本原因。但从政治经济学来看，算法所承载的资本主义生产关系才是根源所在。目前，这种数字消费陷阱存在多种表现，但实际上都是资本借助数字技术谋求利润最大化带来的。例如，大数据"杀熟"就成为数字消费领域中被关注的一项重要问题，数字服务提供商会根据使用者使用手机的品牌、使用相关服务的次数、是否遇到紧急情况等个人特点提供不同的价格，这似乎成为了一种陷阱。这种方式虽然与超市的明码标价不同，但却与各类市场中的讨价还价等现象异曲同工，只不过在数字服务中这成为单方面的定价，而非讨价还价。同时，数字消费还存在一个主要特点，即往往并不像一般的商品买卖，交易一次完成，而是存在着所谓"服务期"的交易，消费者用货币购买的是一定时间的服务，而这种服务却往往由于数字技术的特点而变化，比如服务提供商单方面改变服务的内容和质量，从而损害消费者的权益。除了与非数字消费类似的消费者权益受损外，数字消费陷阱还存在一个特殊性，即数字成瘾。数字消费品与其他消费品有着非常不同的特点，即不需要实物而只需要数字设备，因而在这种产品的消费中，往往存在着一种特点，即使用时间越长而单位成本越低，且相对于实物消费，数字消费品往往具有一种价格成本的低廉性和很强的需要满足感，特别是作为一种"信息流"，在当今的算法推荐之下，消费者以很低的成本获得休闲的快感，从而产生一种易于成瘾或可以应对无聊打发时间的作用。因而，这种消费更容易使人过度消费，从而对身心造成某种损害。与此同时，这种数字消费还有一种特点即依附性，即以免费的数字消费带动实物消费，实际上这种数字消费起到的是广告的作用。这种方式也往往被称为流量经济。当然还有一种非带货模式，即打赏模式，这种方式更类似于文艺演出，但其受到的时空限制转变为了数字时空的限制。此外，还有利用数字技术特点进行诈骗活动的，这种方式在很大程度上已经替代或改变了以往时代的诈骗方式，但这实际上与数字消费没有本质的关系，而只是犯罪方式的演变。

第三，来自个人需要的数字消费陷阱问题。随着数字消费的发展，数字消费由于其技术特点可以使各类事物虚拟化，从而可以制造出各种原有事物的"替代品"。生活在以物的依赖性为基础的人的独立性的社会条件下，人与人的关系存在着二重性，即直观上的人与人关系的原子化和背后的社会关系的日益复杂化。但人对于亲密关系、情感体验等的需要并未消失，但现实的社会却不能够提供这种满足，因而不得不走向一种数字替代品。这种替代品已经随着需求的增加而不断发展起来。例如，当前各种不同类型的人工智能陪伴机器人已经投入市场，并根据消费者的需要提供不同类型的陪伴功能。而这种以机器人代替人的陪伴功能，实际上从根源上来讲来自人的需要无法从社会得到满足，而寻求一种替代品，从而缓解人的需要得不到满足的现实问题。但这种替代品并不一定能够完成这个目标，因为这种数字产品的消费同样存在着可能的威胁，使人不再谋求现实社会的改变，而是对机器人产生依赖，从而减少与现实社会的真实交流和人际互动。当人工智能陪伴机器人传递不良情绪或信息时，则可能给人带来身心的伤害。2024年美国一名青年因过度沉溺于人工智能聊天机器人而选择自杀。① 这一事件虽然是个例，但不得不引起社会的关注和重视。因而，这种消费陷阱是在个人拥有某种需要，而数字消费品能够满足这种需要的时候发生的，这里人与数字消费品之间的关系变得更为复杂，特别是数字消费对象已经不再像吃喝住穿等生活资料和以往的精神消费品那样对人产生影响，而是有着更强的互动性，对人产生更为重要的影响。这种陷阱来自人的需要得不到社会的满足，同时社会又提供

---

① 吴靖，张涛．探析虚拟社交机器人的共情传播风险［EB/OL］．（2024-12-13）．https：//www.cssn.cn/skgz/bwyc/202412/t20241213_5822208.shtml．

了这种数字替代品,而这在一定程度上满足了人的需要,却同样带来了威胁。

以上分别从技术、资本与个人三个角度分析了数字陷阱的原因,应当说这些原因,根本上都来自人以及人的社会关系,数字消费陷阱绝非仅是一个技术问题,最终实际上是人的问题。无论是将数字消费看作一种发展引擎,还是关注于它的数字陷阱的危险,要认识和解决这些问题,必须从作为主体的人出发,而不能单纯从技术的角度出发。而如何认识数字消费的发展悖论,如何发挥人的主动性应对这种新型消费,是需要我们加以重视的问题。

第三节　数字消费的前景:在推进与规制的矛盾中发展

数字消费的发展在这里呈现出了明显的矛盾,即它在展现科学技术的强大力量时,又展现出技术的无力感;它在促进整个经济社会发展的同时,又给经济社会的发展带来了不确定性和风险;它在满足消费者的需要的同时,又同样带来一种可能的损害甚至成为异己的力量。因而,我们看到数字消费正如数字经济的发展那样,本身就表现为一种矛盾,一方面数字消费的发展方兴未艾,是社会发展的强大引擎,另一方面数字消费问题重重,存在诸多数字陷阱,未来的发展必定是在推进与规制当中进行。

一、数字消费发展悖论产生的社会根源

要解释这种发展的悖论就必须找到悖论的根源,之后才是如何理解和对待这种根源。实际上,对于这种悖论,马克思在一百多年前就已经敏锐地指出了:"在我们这个时代,每一种事物好像都包含有自己的反面……我们的一切发明和进步,似乎结果是使物质力量成为有智慧的生命,而人的生命则

化为愚钝的物质力量。现代工业和科学为一方与现代贫困和衰颓为另一方的这种对抗,我们时代的生产力与社会关系之间的这种对抗,是显而易见的、不可避免的和毋庸争辩的事实。"① 同样,在当前的时代,对于数字消费来讲,同样也包含着自己的反面,除了数字消费自身蕴含的数字陷阱以外,在数字消费之外同样带来了与数字消费作为发展引擎相反的力量,即数字消费对于经济发展带来的相反的作用,即对经济发展的抑制或经济内在矛盾的进一步激化的作用。这种作用可能表现在诸如失业的进一步发展,财富更迅速的集中及两极分化的发展,有效需求的减少等。这种发展的悖论同样必须从生产力与社会关系之间的对抗中去加以认识。

(一) 数字消费是特定社会关系中的消费

正如马克思所说,"说到生产,总是指在一定社会发展阶段上的生产——社会个人的生产"②,由于消费和生产的同一性,我们同样可以说,消费也是在一定社会发展阶段上的消费——社会个人的消费。因而,对数字消费的理解,不能仅仅考虑它的一般性。消费的一般性在于消费必定有主体、客体、中介,在一般的消费关系中这是一致的,但这种一般性对于我们理解数字消费并没有太大的意义。因而,必须考虑数字消费的特殊性,可以有两种理解,一种是在数字消费与非数字消费的对比中发现的数字消费的特殊性,另一种是将数字消费放置于特定的社会关系特别是经济关系中考察发现其特殊性。对于前者,这种特殊性主要来自数字技术的应用所带来的变化。这种特殊性与对数字劳动的研究实际上具有一致性,数字劳动虽然作为一种特殊的劳动方式,但这种劳动方式与农业劳动、工业劳动等具体劳动的提法并无本质的区别,数字消费同样与食品消费、文艺消费等具体消费的分类没有本质区别,只是对消费的分类标准有所差别。而后者实

---

① 马克思恩格斯选集:第1卷[M].北京:人民出版社,2012:776.
② 马克思恩格斯全集:第30卷[M].北京:人民出版社,1995:26.

际上是政治经济学更为关注的内容，其关注的是这种消费背后所承载的特殊的经济关系、社会关系。正如马克思对生产的研究所指出的，生产一般只是一个符合一切时代的抽象，政治经济学研究的生产应当是一种特定时代特定生产关系下的生产，对于今天的数字消费研究同样应当将其放置于一定社会关系上去研究。因此，如果单纯从技术角度来把握数字消费的一般性与特殊性，我们只是把握住了一种暂时的技术表征。而从政治经济学的角度来加以把握，则需要认识到无论对于生产还是消费来讲，政治经济学都不是一种工艺学，即对于数字消费的理解不能单纯地陷入对于数字技术特点的研究中，而应当进一步将这种技术发展带来的消费变革与消费者所处的社会关系联系起来。因为技术变革带来的不仅是生产力的提升，其带来的还有与之相适应的生产方式的变革，以及生产方式变革基础上的生产关系、社会关系以至思想上层建筑等方面的巨大变革，而这种变革与技术之间的关系是更为重要并需要加以深刻研究和把握的。与此同时，还要看到技术的变革与相应的社会变革相比，有些技术变革是具有革命性的，与社会制度的变革相伴而生，而有些重要的阶段性技术变革，虽然改变着社会，但却并没有造成社会制度的根本变革，而数字技术给社会带来的变革需要从现实出发加以探讨。

（二）资本逻辑下的数字消费：资本主体与消费主体的矛盾

正因为数字消费是特定社会关系中的消费，因而对于数字消费的研究就必须将其与所处时代的基本经济关系紧密联系起来加以研究，对数字消费的发展悖论的探讨也必然离不开对经济关系的研究。在当今世界，人类仍然没有摆脱资本这一最根本的经济关系，数字消费发展的悖论是在资本逻辑之下展现出来的重要问题。这种发展悖论的具体表现在于，资本作为主体的价值增殖特性与人作为消费主体的自身发展特性的矛盾。资本是推动经济运行的主体，数字经济包括数字消费是在资本逻辑之下发展起来的。对于资本来说其最根本的目的在于利润的获取，而不在于生产什么和怎样生产，对于资本来说数字商品的生产不过是为了获取利润而必须做的麻烦事而已。在数字经济的发展中，从生产到消费实际上不过只是资本生产过程的体现，资本作为实际的主体是整个经济运行的掌控者和核心。也正因为如此，资本虽然在竞争中不得不研发和采用新的数字技术进行生产活动，但数字消费者对于资本来讲是其谋求利润的工具，只有当消费者的行为可能带来资本的损失时，才可能使资本改变原有的数字产品的提供方式。这里，资本为了获取和提升利润，采取了多种方式来推动数字消费的发展，比如尽力在市场上形成垄断地位，从而提升对商品价格的掌控能力。近年来，大量数字领域新兴企业往往都是通过资本大量投入，通过价格战、广告战等方式占领市场后，再获取巨额利润。因而，资本在推动数字经济发展的同时，力求将数字消费也纳入资本控制的范围内，通过多种方式了解、吸引消费者并尽力让消费者在数字消费中进行投入。例如，对于消费数据的搜集，在今天的数字消费中，每个消费者在消费过程中都会产生一定的数据，而资本通过收集和使用这些数据就可以深入了解每个消费者的经济状况、兴趣爱好等，从而用广告或其他方式吸引他们购买商品。又如，一些信息平台也往往提供一种类似的"成瘾"机制，采用更符合消费者兴趣的信息推送机制和不间断的信息展示机制，使消费者停留更多时间，从而增加流量以及进行消费的可能性。这样，虽然每个人都是消费者，而且消费者在消费相应商品时是作为一种主体而存在的，但是这种主体性在资本逻辑控制下的数字消费领域，却更容易成为被引诱者从而不可控制地投入到对数字消费品的消费当中。因而，这里就产生了一种矛盾，即数字消费是资本生产过程的一个环节，是资本谋求利润的最终环节，这种消费是为了资本的消费，资本要按自己的需要塑造消费者。但同时对于消费者来讲，这种消费并不是为了资本，而是为了消费者自身的再生产，为了自身的自由和全面发展而进行的，这两种主体必然产生矛盾，或者由一方战胜另一方。

二、国家对数字消费发展的干预

正因为存在这一社会矛盾，而矛盾的解决又必定要通过一定的形式，因此这种数字消费双重矛盾的解决，取决于资本、国家权力与个人权利之间的互动过程。国家作为公共权力的代表，实际上其制定的法律和政策往往直接反映了社会矛盾中多方主体之间相互斗争的结果。在数字消费发展问题上，面对一种不可避免的趋势，如何更好地推进数字消费的发展，取决于公共权力的干预是否能够代表经济发展的方向。而国家所采取的举措似乎也是双向的，一方面国家采取了大量措施，运用大量的政策法规推动数字消费的发展，另一方面，对其发展进行一定的限制。但从目前来看，针对数字消费的举措往往是一种外在的举措，不是从数字消费的内在矛盾中出发，是以一种外在性，以一种外在于经济的力量解决经济问题。似乎要以某种办法使数字消费的好处得到保存却不要它的坏处，但实际上只有真正解决数字消费在经济领域的内在矛盾才可能使这个问题得到根本的解决。

（一）国家权力在数字消费发展中的地位

对于国家权力来说，数字消费涉及诸多层面的问题，从技术、资本、劳动者到消费者，实际上都与数字消费存在着密切的关系。特别是在总体需求不足的经济形势下，发展数字消费已成为扩大需求，激活经济发展潜力的重要途径，各国政府往往都在积极推进数字消费的发展。在数字消费问题上，一方面，我们看到数字技术对于国际竞争发挥的巨大影响。例如在2024年末国产人工智能大模型的发布产生了巨大的国内国际影响，2025年1月20日大模型DeepSeek的创始人梁文峰就参加了国务院总理主持召开的座谈会，由此也可以看出国家对于数字技术领域发展的高度重视。另一方面，数字技术的发展需要国家的资本支持，数字行业是一种高度的资本密集行业，且往往具有劳动密集的特点，因而也产生了资本与技术和劳动者关系方面的一系列问题。对于消费者来讲，数字技术确实给消费者带来了一系列的便利和各类需要的满足，但消费者在购买和使用数字消费品的同时也受到资本的影响，出现了一系列利益受损的情况，如隐私的泄露、被数字消费品所裹挟等，并因此产生了相应的社会舆论和维权事件。但国家权力如何加以干预，实际上存在着两种不同的倾向：一种倾向于减少或摆脱公共权力对数字技术发展的限制，认为要给资本更多自由才能更好地促进数字消费的发展，而另一种倾向则认为如果不对人工智能加以明确、有效的限制，那么可能带来很大的损害，应当积极对数字消费的发展加以规制。例如，在对人工智能产品的应用问题上，是否允许和在多大范围内允许什么样的人工智能进入消费领域，是一个影响很大的问题。有观点认为对人工智能的发展要减少限制，允许试错，才能更好地鼓励和促进人工智能的发展，且需要出台促进人工智能发展的政策措施，而另外一种观点则积极支持政府及时出台法律法规和政策对各类问题加以规制。但同时，也有学者指出，国家对这些问题加以规制需要大量的资源消耗，可以通过探索数字经济中的隐私伦理、劳动伦理、公正伦理、共享伦理等，加强数字社会的道德规范，以更好地解决个人隐私权被侵害、数字劳动者主体性被剥夺、数字红利的不公正分配、数据资源被垄断或滥用等问题。[①] 因而，对于是否能积极干预和如何加以干预，与该国国家权力的性质和数字消费发展的具体情况密切相关。例如，2025年1月，特朗普就任美国总统后，就签署行政令取消了拜登2023年关于人工智能政策的行政命令，从而减少了美国政府对于人工智能发展的规制，这表现出特朗普政府更倾向于减少国家权力对人工智能发展的规制。就中国来看，中国的基本经济制度表明，中国要站在生产力发展与生产关系变革的角度，从所有制、分配制和资源配置方式三个层面对数字消费加以干预，而关键在于如何处理推进与规

---

① 侯红霞. 探索数字经济发展的伦理原则[N]. 中国社会科学报，2025-01-06（A4）.

制二者之间的关系。

（二）国家权力在数字消费发展中的干预途径

第一，国家需要通过对资本所有制的干预来影响数字消费发展。所有制关系是生产关系中具有决定意义的关系。从所有制方面来看，由于资本关系仍然是经济运行的基本关系，无论是公有资本还是私有资本等，都以资本作为基本的运行方式。数字经济的发展并没有改变这一情况，因而对于数字消费来讲，其仍然属于资本运行的基本环节之一，资本对于数字消费具有直接而根本的影响。对于中国的国家权力来讲，由于其社会主义性质，在数字消费问题上，国家权力作为社会代表，其根本要求必定是要对资本权力加以规制，在根本指向上要以超越资本逻辑为目标。因而，在数字消费问题上，首先必须为数字资本设置红绿灯，防止数字资本的野蛮扩张。对在数字消费中出现各类问题的资本方，要通过政策、法律等手段加以限制和处罚，并且要坚持普遍地实施统一的规则。其次，要利用好公有资本特别是国有资本，发挥其在数字经济领域的引领作用，并以更规范的运行机制维护好数字消费者的权益，并通过科技研发为数字消费者提供质优价廉的数字商品。

第二，国家需要通过对数字消费相关的分配制度加以干预。要从根本上使消费者在数字消费领域达到更为公正平等的消费，必须依靠分配关系的调整。而分配关系是所有制关系的反映，国家对分配关系具有调节作用。因而这种干预，一方面从根本上要通过对所有制关系的调整加以实现，即通过所有制关系调整，缩小初次分配差距，从而不断减小诸如城乡数字消费不平衡、数字鸿沟等问题；另一方面，国家要通过对再分配的调整，进一步推动数字消费的发展，只有更公平地分配，才能创造更为公平的数字消费，使消费者能够共享数字经济发展的成果。与此同时，这种干预还必须深入数字基础设施、数据资源、数字公共服务等方面的分配当中，以推动数字消费的分配正义。其中，特别要注意的是，数据资源是一种新兴资源，在当前已经成为新的重要资产，必须建立与数字生产力相适应的数字化生产关系，对此，要积极推动数据透明，建立信任机制保证数据资源分配的公正性。① 近年来从中央到地方各级数据局的设立正是适应这一趋势而生的，应当进一步履行好自身职责，推动数据分配正义，促进数字消费发展。

第三，国家必须处理好政府与市场的关系，更好地发挥政府的作用，促进数字消费健康发展。在当前中国的资源配置体系中，市场对资源配置起决定性作用，同时要更好地发挥政府的作用，二者都是资源配置的手段，因而在数字消费领域，同样要发挥好二者的作用，使二者高效结合互补，才能更好地对数字消费加以推动。因此，对于国家来说，面对数字消费的问题必须根据数字消费发展本身的需要，根据市场整体长期发展的需要而不是个别市场主体的需要，推动资源的合理配置。如今，数字消费领域面临着国外对中国的诸多技术限制，在某种程度上也限制了中国数字消费的发展，因而必须依靠政府的力量协调配置资源并积极投入，努力打破国外势力遏制中国数字消费发展的图谋。与此同时，面对一些市场主体在数字消费领域的不正当竞争等行为，政府也要加强自身的数字消费建设，积极扶持和采用先进的数字技术设备，积极运用数字技术反制对数字技术的不正当应用，并以此积极应对数字陷阱问题。可以说，新的数字技术手段实际上对于权力运行也有着很大的作用，对于提升政府的数字治理能力也是不可或缺的，只有利用好数字技术才能更好地发挥政府对数字消费的干预作用。

三、数字消费中的消费者主体权利

数字商品只有被购买并完成了消费，生产过程才算真正的完成，因而可以说消费者对数字消费的发展具有最终的影响。正如马克思所说，"商品

---

① 毛中根，贾宇云. 把握数字消费高质量发展的着力点［J］. 东北财经大学学报，2024（2）：3-13.

价值从商品体跳到金体上……是商品惊险的跳跃。这个跳跃如果不成功，摔坏的不是商品，但一定是商品占有者。"[1]数字消费的发展必须有消费者的购买和使用，才能使整个生产过程顺利进行下去。因而，在资本主体与消费者主体的矛盾中，如果只重视资本发展的利益，而不注重保护消费者，那么消费者最终会抛弃这种商品。因而，对于数字消费来说，一方面要切实维护消费者的权利，因为一旦超过一定限度必定会引起消费者对相应数字消费品的抛弃，另一方面对于消费者自身来说，要进一步建构适应数字消费时代的消费观念，建构消费主体意识以减少因资本特性而带来的负面影响。

（一）适应数字消费特点的权利维护

维护数字消费者的权利，需要消费者通过自身的维权行为和国家权力的维护，使数字消费从资本增殖逻辑转到人的需要逻辑，以推动数字消费者的主体再生产为根本目的。因而，这里不得不提的是数字消费异化的现象，实际上异化就是人的创造物反过来控制人自身，数字消费异化的直接表现就是数字产品反过来控制人的生活，这种控制的背后实际上是资本关系对数字消费的控制。这种权利的维护，要适应数字消费的特点，特别是技术特点。资本为了价值增殖只要没有遇到阻碍，往往会依靠相应技术谋求价值增殖最大化，但同时，技术也可以用于对消费者权利的保护，此外还可以运用经济领域外的力量加以维护，特别是具有普遍强制力的国家权力来维护。在这一方面目前较为流行的一种观点是，随着数字技术的发展，资本对于消费者的掌控更为强大，从而在数字经济领域表现出一种特殊关系，即消费者的消费行为同时是一种生产行为，资本不仅在生产领域从数字劳动者那里获取剩余价值，还将数字消费者的消费过程变成无酬劳动的过程，并从中获取剩余价值。

---

[1] 马克思恩格斯文集：第5卷［M］.北京：人民出版社，2009：127.

这种现象使消费者和生产者合一，从而成为了"数字产消者"，这种产消者在消费的同时也为数字资本生产利润。例如，在今天的各类数字平台上，往往出现这一类似现象，即消费者上传各类信息资源如视频、图片、文字等，从而为平台的获利创造条件。但需要注意的是，这种理论虽然在某种程度上批判了资本运用数字技术获取剩余价值的现象，但把数字消费者的消费行为看作无酬劳动，实际上过于扩大了这种消费的影响。实际上，这种消费活动是"一些人在正常的生产和消费过程中会产生外部效应，这些外部效应没有能够使当事人获利而被其他人享受了一些利益"[①]。这种消费行为并不是政治经济学上的劳动行为，我们并不能因为消费者在这些平台的消费行为为平台获取利润提供了可能性和数据支撑，就认为消费者变成了劳动者并受到了资本的剥削。实际上，应当看到的是，一些平台在消费者在其中进行消费时，会对消费者的个人信息加以过度收集并加以出售或使用，这实际上是对个人隐私权的一种侵犯，对消费者而言，此类权益的保护，必须通过国家权力和法律的手段来加以保护。

（二）数字消费时代消费观念更新和主体意识建构

第一，数字消费者要不断更新观念以应对新兴的数字消费。但究竟要以什么样的观念来对待新兴的数字消费，至少在目前还有着诸多争论。当数字消费开始大规模占领市场，改变人们的生活方式的时候，许多人产生了一种对数字消费品的高度依赖性。一种较为广泛的现象是智能手机的广泛使用，人们能够在现实生活中直观地感受到手机的魔力，无论是青少年，还是中年人甚至部分老年人，当他们学会了使用手机后，其中很大一部分人已经将手机当作了生活的必需品。因而，当人们发现他们自己在使用手机时，特别是很多人在刷短视频、玩电子游戏时，往往产生一种不自觉的"时间消失"，

[①] 余斌. "数字劳动"与"数字资本"的政治经济学分析 [J]. 马克思主义研究, 2021（5）: 77-86, 152.

这便产生一种恐惧与否定的观点。这种观念认为手机等数字消费品在毁掉人，特别是一些人认为许多青少年都被这种数字消费品毁掉了。这种观点在许多人那里似乎都是成立的，但实际上这种观点在此之前也存在着，比如过去对于电视，就有许多人认为电视会毁掉孩子，要减少这种消费。对此，应当看到，数字消费已经逐步从非必需品逐步发展为必需品，数字技术的应用正在逐步向更广泛的领域渗透，数字消费的发展已经成为一种必然趋势，并有着广阔的发展前景。正像电作为能源的广泛应用一样，数字技术也有一种巨大的通用性，其作为一种信息保存、传播和应用技术也必然得到更广泛的应用。因此，对于数字消费，我们首先要认识到它是一种不可避免的由生产力的发展所决定的消费方式，这种消费方式拓展了人的基本需要。一般来讲，人的最基础的消费需要，在于吃喝住穿等基本生存需要，数字消费并不能用于吃喝住穿，但它一方面能够作用于基本生存资料的生产，从而有助于满足人的这种基础需要；另一方面，数字消费本身也成为一种现代生活的必需品，甚至当你脱离这种技术或不使用这种技术时，你的基本生活也将变得不再便利。因而，由于对数字消费品的高度依赖而对其产生恐惧以至拒斥数字消费是一种落后于时代的想法。但同时，不可避免地存在着问题，即一种过度的依赖以及与数字消费相关的违法犯罪行为等。对于这些问题必须进行深入的探讨追寻其深层次原因才能加以解决，而不是将所有问题归于数字消费品本身，这些问题背后的人自身以及人与人的社会关系在某种程度上才是起到决定作用的东西。

第二，数字消费中的主体意识建构。首先，对于个人来讲，个人可以在有限条件下对数字消费中的不利影响加以自我调适。个人作为消费的主体，如何使消费真正促进自己的发展，而不是导致身体和精神的萎靡，需要自身主体性的发挥。比如，今天的数字消费品往往存在一个重要功能就是休闲或打发时间，特别是当人在无所事事或不愿做某事时，便会产生一种深刻的无聊感，而数字消费也因此具有了一个重要功能就是对抗无聊。比如学生在听课时往往由于课程需要大脑的努力思考或对课程感觉没有兴趣等各种原因，更喜欢进入数字世界从而减少当下的无聊感。但过度的享乐必然也会带来对身心的损害，因数字消费而来的视力问题、颈椎问题、注意力涣散问题甚至成瘾问题等已经被广泛地认识到了。但问题的提出也往往意味着解决问题的方式的出现，面对此类问题需要个人主体意识的建构，意识到这一问题并自觉地避免陷入到数字消费的弊端当中。实际上，正如人们的饮食结构不合理会造成身体健康问题一样，只有在个人认识到健康饮食的要求并且能够去做的时候，这种饮食的消费在满足自身需要的同时才能对主体更为有利，对于数字消费的弊端同样也必须使主体对数字消费的潜在危害加以认识并且在主体能够以健康的数字消费标准要求自己时，才能使这种消费减少对人自身的损害。其次，人的主体意识并非脱离于社会关系和社会意识形式之外的，消费主体要深入理解资本逻辑下数字消费的意识形态化，建构新的消费意识。资本在推进数字生产和消费的同时，也在以有利于资本增殖的方式建构一种适应于数字消费发展的意识形态。可以说，当代资本主义消费意识形态在数字消费中又得到了新的发展，"不同于过去意识形态中暗含的强制性……今天的消费意识形态以可亲、日常生活中的悉心引导，让你的生活带回美丽，更加充满微笑"[1]。今天的数字消费正是以一种具有美好形象且极具吸引力的方式进入市场的。这种消费凭借其即时性、交互性、虚拟性、拟实性等特点，给予消费者以不断的满足。特别是由于数字消费本身特别是狭义的数字消费所具有的一种直接作用于人的精神领域的消费方式，从而能够借助大脑的特性而达到资本的目的。比如，短视频成瘾、电子游戏成瘾等，实际上借助于对大脑的运行特点刺激多巴胺的分泌，还能够满足人在现实世界无法得到满足的社交、成就等需要，将人纳入资本增殖的链条之中，并且这种数字消费品还天然地具有与意识形态的亲密性，从而更易影响人的意识形态。当然这

---

[1] 张一兵. 消费意识形态：当代资产阶级日常生活的改变［J］. 浙江社会科学，2024（1）：142-154，160.

里所讲的成瘾具有一种较为极端的性质，只是在部分消费者那里才表现得比较明显。但不可否认的是，这种数字消费对当代消费者的影响之大。因而，消费者在数字消费中要认识资本逻辑对消费意识的影响，主动增强消费的主体能动性，形成更为理性的消费意识。

第四章
祛魅消费主义的数字幻象：
逻辑、表征与进路

在数字经济勃兴的背景下，技术与资本深度耦合，正在以前所未有的速度形塑着数字消费新样态。传统的消费阵地、消费环境、消费形式逐渐被信息化、智能化、符号化的数字消费所取代，人们得以在购物消费的多场景中随意切换。突破时间和空间限制的"指尖生活"不仅丰富着人们的生活体验，拓宽了自我表达与展示的场域，同时增强了个体与外界的链接。习近平总书记在党的二十大报告中强调要"增强消费对经济发展的基础性作用"[1]，伴随数字技术的广泛介入及普遍

---

[1] 习近平. 高举中国特色社会主义伟大旗帜 为全面建设社会主义现代化国家而团结奋斗：在中国共产党第二十次全国代表大会上的报告［M］. 北京：人民出版社，2022：7.

应用，数字消费明显成为需求增长、市场拓广、经济发展、人的进步等多方面的重要新引擎，数字消费社会兴发之势不可阻挡。然而事物发展皆有一体两面，被数字消费环境包围的个体消费者难以甄别网络符号的重重迷障，沉迷于网络构建的"被动需求"繁荣假象中，消费决策潜移默化地受到他人的意见影响和支配，欲壑难填的消费欲望、无所不在的消费景观，数字消费主义的发展势头难减，甚至愈加强化。从学理上深刻反思数字消费主义背后的资本扩张根源，回答数字消费主义的出场逻辑、特质表征和正义进路，既是研究学习应有的理论自觉，也是在新历史方位上深入贯彻高质量发展的必然要求。

第一节 数字消费主义出场的三重逻辑

社会再生产过程是由生产、分配、交换、消费四个要素组成的有机整体，其中消费是最终的目的和动力。社会有发展的需要，人有生存、享受、进步的需要，多样化需要的满足，离不开消费。马克思指出："消费的能力是消费的条件，因而是消费的首要手段，而这种能力是一种个人才能的发展，生产力的发展。"[①] 人类寻求更好的生存和发展，就需要通过消费来满足需求、创造需求，进而推动社会生产的不断循环。这就决定了消费要朝着理性、健康、绿色、数智化的方向发展，意味着要警惕消费主义陷阱。研究数字化时代下消费主义的出场逻辑，从资本、技术、意识形态等层面揭示其生成机制及危害，具有理论和实践的双重价值意蕴。

一、数字资本增殖的欲望与运动：数字消费主义的起点与主线

数字消费主义是从传统消费主义的基础上衍生而来，从根本上说都是源

[①] 马克思恩格斯文集：第8卷 [M]. 北京：人民出版社，2009：203.

于资本追求增殖与扩张的内生逻辑。消费主义从属于资本逻辑，消费主义样态演化的过程也是适应资本增殖的过程。消费主义与消费不同，它不再将消费当作满足个体需要的手段，而是"一种以追求和崇尚过度的物质占有，把消费视为美好生活和人生目的唯一实现路径的消费行为及消费观念"①。作为消费的异化，消费主义围绕"消费至上"，激发人们的消费欲望，吞噬人们的消费理性，致力于使人们陷入"为消费而消费"的怪圈，"最终实现对人和社会的抽象且隐性的统治"②。随着数字化生存的普及，数字资本支配下的数字消费主义建构了更为隐蔽的消费语境和商业王国，无限制侵占人们的消费空间和消费能力，从而使人们对数字资本无限服从。

数字资本增殖的欲望和运动是数字消费主义的起点与主线。资本发展主要有三个阶段：产业资本、金融资本与数字资本。产业资本兴发于19世纪资本发展的早期阶段，20世纪产业资本进一步发展为金融资本，数字资本则是21世纪金融资本和信息技术结合的产物。"在数字资本统治的时代，数字资本的存在仍然离不开金融资本这一'中介'和产业资本作为'基础'，但它的新变化使人们产生一种数字资本具有'自主自足'和'独立外观'的假象。"③数字资本不仅能够满足需要，还能生产需要，制造匮乏，生产越多，需要也就越多。数字资本的增殖欲望作为一种驱力，会不断制造和加强主体的匮乏与消费欲望。"数字资本是一种新的资本形态，其力量在于对数字权力的占有与使用。这种权力既可以引导消费者的消费行为，还可以直接作用于产业资本和金融资本。"④私有制是数字资本形成和运转的前提，数字技术资本化、时间剥削多元化是其显著特征，所追求的终极目的仍然是价值增殖。

---

① 韩喜平.消费主义思潮泛起的成因及引导[J].人民论坛，2021（4）：20-23.
② 毕红梅，幸晨欣.消费主义的演化特点、逻辑及其应对[J].思想教育研究，2024（12）：89-96.
③ 刘贵祥.历史唯物主义视阈中数字资本的异化及其扬弃[J].马克思主义研究，2022（6）：136-144.
④ 蓝江.一般数据、虚体与数字资本：历史唯物主义视域下的数字资本主义批判[M].南京：江苏人民出版社，2022：37.

在数字资本增殖的逻辑中，逐利性不可动摇，而这其中的关键在于剩余价值的攫取和占有。要想实现商品"惊险的跳跃"，完成 W—G 的转换，使商品的使用价值转变为价值，个人劳动和社会劳动的矛盾得到解决，就必须使生产出来的商品被消费者购买。也就是说，商品只有被消费才能完成剩余价值的榨取。通过资本流通总公式 G—W—G'，我们可以得知：生产者追求的是链条两端不同 G 之间的增量 ΔG，即超越货币本身的规定性得到增殖额。为了追逐利润，资本家会尽可能提高数字生产的规模和产量，生产与消费、供给与需求不再是直接的、数量和质量上的统一。通过数智化降低生产成本，提升支付意愿，增加消费者剩余和生产者剩余，"通过获得总剩余（消费者剩余和生产者剩余的总和）来持续累积资本"[1]。当下数字化消费加速了数字资本的循环，"今天的生产一般已经被数字技术套上了一般数据的羁轭，让数字资本可以在更大的空间范围内控制着全球的生产"[2]。与此同时，数字资本通过虚拟场景和海量推送持续刺激大众的消费欲望，数字消费演变为目的和手段，成为资本扩张的关键一环。"当自然需求饱和后，资本便会要求消费超出仅维持肉体生存的限度，发展出更多种类的消费欲望。"[3] 在这个过程中，消费被刺激、被制造、被扩张，被强加给消费者，数字资本家收回了生产成本，获得了剩余价值。一轮又一轮的资本无限循环，勾画增殖与"夺利"的数字资本主义剥削图示。

在数字资本逻辑支配下的消费领域中，数字化内容消费和消费形式数字化是数字消费的两种存在形态。在市场中，用户数据成为可以自由买卖的商品，用户的浏览记录、消费历史、反馈数据等数字信息被商家或者数字平台依循用户的喜好批量生产，"量身定做"的数字产品背后是资本的增殖逻辑，

---

[1] 此本臣吾. 数字资本主义 [M]. 日本野村综研（大连）科技有限公司，译. 上海：复旦大学出版社，2019：123.

[2] 蓝江. 数字的神话与资本的魔法——从《〈政治经济学批判〉导言》看数字资本主义 [J]. 探索与争鸣，2023（6）：110-119，179.

[3] 陈鹏，龙玥儿. 数字消费异化：本质、影响及应对 [J]. 消费经济，2023，39（3）：14-25.

数据作为广大数字用户的劳动成果不归广大用户所拥有，反而作为数据商品被资本家无偿占有，并沦为数字资本攫取剩余价值的工具；为了吸引和掌握更多的消费者，迎合市场和大众需求，数字商品的生产有娱乐化和庸俗化倾向，以满足快节奏、低趣味、泛娱乐化需求。在这种忽视数字内容和精神内核的环境中，数字消费者的价值认知不可避免地会受到资本逻辑的侵蚀，潜移默化地弱化自身对人生意义、理想信念等方面的崇高价值的积极探索，从而导致人们在价值观念上过于追求自我享乐，陷入虚幻而庸俗的狂热泥沼之中。同时，消费形式的数字化使得数字消费主义以一种隐性的形式规训数字消费者的思想观念和行为习惯。在资本逻辑的推动下，"消费不仅是满足物欲的纯粹行为，还是出于种种企图而对'象征物'进行操纵的行为、手段和策略"[①]。网络流行的"秋天的第一杯奶茶""情人节必送礼物榜单""十大必买口红色号"等，把消费活动包装成人们日常活动的中心，鼓吹消费才能彰显人的自由与追求。简言之，消费才是人之为人的出发点和归宿。人们在数不胜数的数字消费中构筑起自我存在价值。当下，数字化消费已经成为人们普遍的生活样态，数字化消费景观蔚然成风，"排山倒海的媒体广告、异彩纷呈的娱乐综艺、丰富多彩的影视产品，以及映现在其中目不暇接的商品、变幻莫测的情景、五彩斑斓的场所，又为这一消费网格筑构起一个物资丰盛、欲望横流的消费空间"[②]。与之相适应的数字景观也为人们打造起一个又一个消费幻象。人们极易在纷繁复杂、炫目多彩的数字消费幻景中丧失对生活本真的渴望与追求，迷失自我。"消费主义在数字资本逻辑的支配下延伸到了数字用户的日常生活之中，从而不断地生产与再生产着数字消费的文化。数字消费者个体显然是难以拒斥消费主义及消费文化的，唯有接受消费主义的驯化，方可被纳入消费社会的秩序之中。"[③]

[①] 袁三标. 资本逻辑背后的意识形态迷雾 [J]. 社会主义研究，2017（1）：53-58.
[②] 罗铭杰，刘燕. 消费主义的意识形态结构解码 [J]. 财经问题研究，2020（9）：26-32.
[③] 李国健. 数字化时代下的新消费主义批判：存在形态、生成机制及应对策略 [J]. 中南大学学报（社会科学版），2024，30（4）：158-165.

二、符号媒介建构的推波助澜：数字消费主义的中介与制导

数字符号建构的意义世界是数字消费主义得以形成的和传播的必备条件，是数字消费主义演化的逻辑中介。作为消费社会的重要特质，数字符号的加速生产从根本上契合数字资本竞争与增殖的需要。尚·布希亚指出，"消费是一种符号的系统化操控的活动"[①]。在数字消费社会，消费本质上不是人对某物的物理存在或者使用价值的追求，更多的是对该产品的象征性符号意义的追求。消费看似是人对商品的占有，实际上更多呈现为物对人的包围和符号对人的操控。个人的欲望被无限放大，并被赋予合法性和正当性意义，不断鼓动全社会加快实现对数字符号的消费和占有，助力资本主义剥削效能的释放和提升。消费速度加快、消费周期缩短的前提是生产速度的提升和生产周期的缩短。在这种情况下，符号的加速生产成为了数字消费主义演化过程中不可忽视的现实。

消费者主权时代的到来，消费者更多使用商品的符号价值来进行区隔并寻求认同。越来越多的数字符号生产技术和符号生产策略吸引着人们主动消费、狂欢消费。"符号以一种形式化的、去内容化的方式发生作用，作为一种'虚空'的符号就起到了吸引大众的功能，因此消费社会中的消费就是消费者被符号的意指体系所吸收的过程，但这一过程却是以大众主动地被吸收为基础的。"[②] "美拉德""多巴胺""国风""秋天的仪式感""一米糖葫芦""限量版""特别版"等消费符号涌入人们的生活日常，让人们在"快消费""快时尚"的洪流和即时满足的狂欢中模糊自己的真实需求。在数字消费主义中，符号逻辑逐渐开始定义人们的身份角色，并将社会关系元素片面化为

[①] 尚·布希亚. 物体系[M]. 林志明, 译. 上海: 上海人民出版社, 2001: 223.
[②] 仰海峰. 符号之镜: 早期鲍德里亚思想的文本学解读[M]. 北京: 北京师范大学出版社, 2018: 131.

金钱导向的符号，资本逻辑顺利围困消费者。正如前文指出，生产者追求的是链条两端不同 G 之间的增量 ΔG，为了追逐利润，扩大生产，刺激消费，资本家会尽可能提高数字生产的规模和产量，"当社会生产的发展造成了大量的商品囤积即商品的数量已经远大于人们实际需要的数量时，商品的使用价值已经不足以吸引人们进行消费，资本家就需要另辟蹊径，将商品包装成各种能够获得大众意义认同的价值象征物，由此让符号体系构建的意义世界为商品赋魅"[1]。

数字技术媒介向来是数字消费主义演化的关键环节和制导因素。商品必须通过媒介才能走进消费者，数字消费的规模化、批量化、迭代化离不开大众传媒的推波助澜。在数字消费社会，大众传媒和数字平台不仅是消费文化的传播工具，更是资本积累和增殖的手段与工具。基于推荐算法的数字平台能准确识别用户的消费需求，并对用户进行分类管理，进而实现技术侵入式监视、档案化消费主体，提高数字消费的有效性和针对性。"他们的状态和活动在其不知情的情况下持续不断被记录和传播：他们的身体行动、金融交易、健康状况、饮食习惯，他们买卖什么，读什么，听什么，看什么，所有这些都被收集在数字网络中，数字网络比他们自己更了解他们"[2]。除此之外，数字信息技术往往依据市场指向赋予数字商品符号意义。互联网、电视平台中的各类广告都在用调动感官的方式塑造商品形象、烘托商业氛围，其意图不在于展示商品的使用价值，而在于"赋予商品意义，以提高商品的价值"[3]。在资本增殖逻辑中，数字媒介创造出越来越多刺激消费欲望的商品景观，"把罗曼蒂克、奇珍异宝、欲望、美、成功、共同体、科学进步与舒适

---

[1] 毕红梅，幸晨欣. 消费主义的演化特点、逻辑及其应对 [J]. 思想教育研究，2024（12）：89-96.

[2] 乔纳森·克拉里. 24/7：晚期资本主义与睡眠的终结 [M]. 许多，沈河西，译. 南京：南京大学出版社，2021：67.

[3] 安东尼·加卢佐. 制造消费者：消费主义全球史 [M]. 马雅，译. 广州：广东人民出版社，2022：149.

生活等各种意向附着于肥皂、洗衣机、摩托车及酒精饮品等平庸的消费品之上"①，无处不在的数字符号意义，投射着美好生活愿景，给予人们无数的消费幻想，不可避免地对整个社会的消费环境和文化景象产生消极影响，导致数字化时代出现不良的消费风气和消费习惯。

三、意识形态隐性重塑与价值合流：数字消费主义的野心与操控

在数字消费勃兴的背景下，数字消费主义相伴而生，通过数媒平台不断向大众灌输"我消费故我在"的意识形态，强化消费与身份认同构联，加速物质主义、享乐主义和个体主义的广泛传播，使消费主体深陷自我剥削与消费主义陷阱，进而建立消费主义的意识形态霸权地位。出生就被数字技术包围的"Z世代"（主要指1995~2009年出生的青年人），自一开始就被灌输了符合数字消费社会伦理导向的消费观念、消费方式。"及时行乐、即刻满足、注重体验的消费习惯对他们来说理所当然，毋庸置疑，他们自出生起就承担着合格的消费者角色。"② 网络流行的"老一辈人没苦硬吃，'00后'没福硬享"，直观反映出了新一代青年群体的消费惯习，蕴含享乐主义的消费伦理。数字资本为了强化和巩固自身数字操控权力，并将权力合法化、合理化，必然在思想意识领域也进行运作，渗透以"消费暨快乐""享受暨人生""自由无极限"为要旨的消费主义意识形态。

数字消费主义在与其他社会思潮形成价值合流的过程中不断拓宽价值阵地。在数字消费主义营造的意识形态幻象中存在两类消费主体：一类是"不知而行"，另一类是"虽知却行"。

"不知而行"消费主体沉溺于数字消费主义意识形态建构下的消费实践

---

① 迈克·费瑟斯通. 消费文化与后现代主义 [M]. 刘精明，译. 南京：译林出版社，2000：21.
② 石立元. 数字景观、算法欲望与数字声誉：数字时代的消费主义及其主体困境 [J]. 深圳大学学报，2024，41（6）：152-160.

中，无法洞察现实与幻象的对立，在无意识境况中遵循着数字资本的消费指令并展开消费行为。正如马克思所说："他们没有意识到这一点，但是他们这样做了。"① 消费主体沉溺于消费狂欢，对资本操控的本质一无所知，"享受吧！""实现自己！大胆尝试！心满意足！你的生命你做主！"② 通过消费指令无止境地重新塑造自己，却无法参透自我实现背后自我剥削的实质。网络上时尚博主教穿搭、减肥博主教锻炼、美妆博主教化妆……各种所谓"专家"极尽所能鼓动人们消费。诚然，在消费过程中我们获得了养生、变美、激励等一系列欲望的满足，释放了压力、放纵了自我、展示了个性。"消费涉及对快乐的体验和享乐价值的追求，这种快乐具有短暂性和易变性，并因此而表现为人们对新奇产品和时尚体验的无尽追求。"③ 数字消费主义思潮下的消费行为，"消费不再是为了传统意义上生存需要（needs）的满足，而是为了被现代文化刺激起来的欲望（wants）的满足"④。欲望具有不断增长与膨胀的特点，消费主体在消费、满足、享乐的实践中无意识地成了资本的增殖工具，自我欲望更多是他者欲望的投射与暗示，人们以为的自我实现却呈现出了资本逻辑对个体的异化与掠夺，严重侵蚀个体自由全面发展的根基。正如齐泽克所说的"信仰的客观性"⑤，这些信仰已经物化为社会现实，而从中建构自身的主体不会先去证明信仰的合理性再去信仰，而是先信仰了，才相信这一切的合理性，没有怀疑，只有自洽。

"虽知却行"消费主体能够识别资本扩张背后的意识形态运作，深谙营销策略，但依然沉浸于数字消费主义的"关怀"之中，享受数字消费的快感，寻求数字符号的身份区隔与认同，自愿地进行契合资本增殖逻辑的数字

---

① 马克思恩格斯文集：第5卷［M］．北京：人民出版社，2009：91．
② 齐泽克．突破可能性的界限［M］．季广茂，译．福州：福建教育出版社，2017：93．
③ Campbell C. The Romantic Ethic and the Spirit of Modern Consumerism［M］. Oxford: Basil Blackwell, 1987: 266.
④ 吴金海．对消费主义的"过敏症"：中国消费社会研究中的一个瓶颈［J］．广东社会科学，2012（3）：209-215．
⑤ 齐泽克．意识形态的崇高客体［M］．季广茂，译．北京：中央编译出版社，2017：14．

消费，炫耀型、浪费式、情感至上等病理性消费活动蔚然成风。"他们对自己的所作所为一清二楚，但他们依旧坦然为之"①。数字时代，数字化装置驱动消费活动，消费主体"无时无刻不被装置所塑形、污染或控制"②，接受数字加速主义、数字享乐主义等意识形态的操纵指令，回应意识形态质询，即使明白奢侈消费、炫耀消费、浪费式消费、情感诱惑式消费背后裹藏着利益、权利关系，但仍深陷"双十一""618""38节"等"购物节""狂欢节""打折季"，陷入数字消费集体狂欢。深陷数字消费主义意识形态幻想的人们会模仿、追踪、攀比，"社会攀比论"范式则认为，由于受到消费者之间示范效应（包括国内示范效应与全球示范效应）的影响，消费者会在相互攀比过程中实现消费欲望的跃升。人们在数字消费主义意识形态框架中自行其是，不断追求和满足自己那难以克制的欲望，沦为"虽知却行"的精神异化消费主体，服务于数字资本增殖的终极目标。

第二节　数字消费主义的特质表征

早在1995年，美国未来学家尼古拉·尼葛洛庞帝就预言过："计算不再只和计算机有关，它决定我们的生存。"③ 数字化生存已然成为生活现实。作为资本驱动和时代嬗变衍生品的数字消费主义，早已悄无声息地渗透进人们的日常生活。"它以'隐蔽而日常'的方式将消费者转变为被预判的'数字化身'，不仅对消费行为和生活方式的转变产生影响，还给经济发展和社会

---

① 马克思恩格斯文集：第5卷 [M]. 北京：人民出版社，2009：91.
② 乔纳森·克拉里. 24/7: 晚期资本主义与睡眠的终结 [M]. 许多，沈河西，译. 南京：南京大学出版社，2021：67.
③ 尼古拉·尼葛洛庞帝. 数字化生存 [M]. 胡泳，范海燕，译. 北京：电子工业出版社，2017：61.

秩序的走向带来深远变革。"①

一、数字围猎与主体失落："产消者"一体化诱发剥削羁轭

在数字消费主义逻辑中，数字技术创新和劳动时间节约的可能性被窄化为数字资本攫取利润的手段和工具，劳动样态被改造和重塑，数字劳动得以加速发展，生产和消费之间的边界逐渐模糊，最终得以趋同，进而产生了一种全新的消费主体——"产消者"，即参与生产活动的消费者。每一个网络用户都具有"产消者"的身份，行为数据"即时传播和发布"与数字资本的"即时生产和增殖"实现"零时差"。"短视频极简极快的程序和即拍即传的特征使原本的'工业生产者'成为现时代为数字资本贡献力量的'指尖生产者'，随时随地、无时无刻不为数字资本增殖效力"②。人们在淘宝、京东、抖音、快手、小红书、微信、QQ、线上游戏端等数字平台进行消费的过程同样也是数字劳动的过程，浏览、收藏、购买、点赞、评论、转发、打赏等行为数据作为商品被监视、采集、解析和读取，消费主体的消费偏好、情感欲望被档案化，位置轨迹、消费习惯、身份信息、人脸、指纹等隐私信息被数字资本监视，数据背后隐匿的内部心理状况、精神状态被由资本化数字技术建构起来的全景式监狱一览无余，"数字的全景监狱不是生态政治意义上的纪律社会，而是精神政治意义上的透明社会。……精神政治借助数字监视读懂并且控制人们的思想"③。数字围猎鲜活生命个体，"数字网络比他们自己

---

① 邹永红，李红亮. 数字资本场域下的数字消费主义：出场、表征与祛魅 [J]. 学习与探索，2024（7）：133-139.
② 姜英华. 数字资本的时间变构与时间规训及其异化后果 [J]. 中国地质大学学报（社会科学版），2022，22（3）：16-24.
③ 陈剑. 从意识形态到道德法：齐泽克社会批评理论研究 [M]. 广州：暨南大学出版社，2019：28.

更了解他们"①，诱使人们不断生产数字产品，开展数字消费。

　　作为数字产品创造者的"产消者"，承受着数字资本的持续剥夺和隐性压榨，在数字消费主义构建的庞大消费景观中，沦为数字资本的免费劳动力。比如艾瑞咨询《2024—2025年中国网络交友行业研究报告》显示，2024年2月婚恋交友平台百合网、世纪佳缘、珍爱网等活跃人数均在300万以上，线上交友App陌陌、探探、Soul等活跃人数均在3000万以上，其中陌陌活跃人数在6600万以上。②这些数字平台诱导人们在线交友、情感咨询、匹配推荐、缓解孤独，同时将这些数据搜集整理、进行买卖，进而获得资本增殖。作为数字产品生产者的"产消者"不仅不会获得报酬，反而要支付资金购买这些数字参数，以满足更高的情感消费，却在不知不觉中沦为数字平台的免费劳工，承受数字资本剥削。"产消者"的劳动不能促使人的解放，反而被自己所创造的数据"围猎"，造成隐性劳动成果与自我的对立，投入的时间、精力越多，产出的数据产品就越多，自我被奴役的程度也就越深，离自由且全面的发展也就越远，消费主体异化程度越高，人的主体性逐渐失落。

二、愉悦敏化与痛感钝化：情绪化集体狂欢构型"欲望伪境"操纵消费快感

　　数字消费主体的判断能力与自控能力是数字资本扩张的天敌，数字资本逻辑要求人们像永动机一样，永不停歇地开展消费活动，必然表层敏化感官刺激，深层钝化消费痛感，"使人丧失正常的判断力、控制力、思考力并给自己罩上一层意向的、看似理性的精致面纱，而理想、信仰、价值就幻化为

---

① 乔纳森·克拉里.24/7：晚期资本主义与睡眠的终结［M］.许多，沈河西，译.南京：南京大学出版社，2021：67.

② 艾媒咨询.2024—2025年中国婚恋社交服务市场研究报告［EB/OL］.（2024-12-16）. https：//www.iimedia.cn/c400/100883.html.

'数据流量的商品社会'中无止境的精神漫游"[1]。数字消费中的购买方式、支付手段被一串串数字代码所劫持,极易造成"产消者"冲动消费和炫耀消费。乱花迷眼的推送机制、纷繁多样的优惠利导激发群体的亢奋情绪,游戏充值、打榜助力、明星安利等牵动消费者的情感欲望,以期从数字资本"我要"转变为消费者的"你要",使人们在一定程度上"失去了自由意志,失去了自由选择生活的权利"[2]。为了扩大利润,数字资本在产品营销过程中制造"饥饿营销",正所谓"金杯银杯,不如排队的口碑",通过故意制造供不应求的"假象",刺激消费者的购买欲望和紧张感觉,把控消费者心理。例如泡泡玛特与"哪吒2"联名款手办盲盒断货,网友直呼"连藕渣都抢不到"。"对商品的消费不无尽头,然而对情绪的消费则是无边无际的。情绪的发展超然于商品本身的使用价值,它开辟了一片新的广阔无边的消费空间"[3]。"薅羊毛""0分购"无限激发人性中"贪便宜"的心理需求,热点追逐、潮流追赶、网红跟风吸引消费者为"网红明星"情感溢价消费,在一波未平一波又起的消费氛围的冲击下,"欲望伪境"得以无限扩张。

表层感知敏化反映出深层认知钝化。瓦纳格姆在《日常生活的革命》中提出"痛感"[4]的丧失是资本控制人的一种麻醉手段,资本主义意识形态热衷于以进步、舒适、利润、福利、理性等幻想的武器去说服人们,结束痛苦的生活苦难。

消费认知的钝化体现在"无痛感"的数字消费中,大多数工薪阶层的薪资水平难以支撑冲动花销、炫耀花销,数字平台推出"先用后付""0元购""1元购""300-40、999-100"消费券,抓住人性欲望无穷无尽的弱点,引

---

[1] 谭静,刘文钦. 数字消费异化批判:表象形式、发生缘由及解蔽路径[J]. 江苏大学学报(社会科学版),2023,25(5):99-112.
[2] 迈尔-舍恩伯格,库克耶. 大数据时代:生活、工作与思维的大变革[M]. 盛杨燕,周涛,译. 杭州:浙江人民出版社,2013:203.
[3] 韩炳哲. 精神政治学[M]. 关玉红,译. 北京:中信出版社,2019:63.
[4] 鲁尔·瓦纳格姆. 日常生活的革命[M]. 王也频,张新穆,戴秋霞,译. 南京:南京大学出版社,2008:37.

诱用户掉入消费陷阱，激发消费快感，蚕食消费理性。本以为的"薅羊毛"，月底汇总惊觉数额并不小，还有一些老人小孩误下单，退货费比购买商品的费用还高，权衡后只能留下，看似是馅饼，然则却是误导和忽悠消费者的"套路购"。"月光族"的工资还没捂热，就要还花呗、信用卡，本应因收入与消费的差距而产生的焦虑不安、痛苦不已的情绪，却被数字消费体系精心炮制包装为自我满足的欲望、及时享乐的自由。

"产消者"通过在数字平台"浏览、点击、支付、收货"，形成单一化、机械化、同质化的购物模式，"人的支付行为沦为工具理性的体现"[1]。数字货币的减少远不及实体钱币减少的"痛感"强烈，数字资本在线上平台投放大量广告、制造明星网红效应、生产数字符号价值，诱发数字化主体情感欲望为消费创造空间，将购物的"痛苦"转化为集体欲望的狂欢，合理化炫耀、冲动、过度等非理性消费行为，让数字消费者在"短平快"和无节制的虚假消费中丧失对自我主体性和人生价值的追求，造成社会资源的浪费。

三、数字拜物与数字贫困：数字化生存打造资本角逐新猎场加剧社会不公

对于"数字拜物教"的理解，需要我们从马克思对拜物教的批判中寻求答案。马克思在《资本论》第一卷第一章《商品拜物教性质及其秘密》中指出："商品形式在人们面前把人们本身劳动的社会性质反映成劳动产品本身的物的性质，反映成这些物的天然的社会属性，从而把生产者同总劳动的社会关系反映成存在于生产者之外的物与物之间的社会关系。"[2] 拜物的本质在于用物与物的关系遮蔽人与人的社会关系和劳动关系，人们被"物"所迷惑，产生了颠倒的社会意识。商品生产时理解拜物教的维度，"劳动产品一

---

[1] 陈鹏，龙玥儿. 数字消费异化：本质、影响及应对[J]. 消费经济，2023，39（3）：14-25.
[2] 马克思恩格斯文集：第5卷[M]. 北京：人民出版社，2009：89.

第四章 祛魅消费主义的数字幻象：逻辑、表征与进路

旦作为商品来生产，就带上拜物教性质，因此拜物教是同商品生产分不开的"[1]，因此，"数字拜物教"也无法离开数字商品的生产，其背后也是用数据与数据之间联结关系遮蔽主体的人的劳动在数据创造中的价值关系。"数字"既包括"产消者"生产的数据产品，也包括数字技术本身，比如人工智能、云计算、AI。不管是数据产品，还是数字技术，本质上是人们的劳动付出，是人类本质力量的对象化结果，但却成为数字资本增殖的载体，这些劳动成果本应为人类的生存、发展、自由而服务，却异化为凌驾于作为主体的人之上的社会意识形式，一切事物都可以用数字化来衡量，"数据"成为"物神"，被人们膜拜。数字资本不断设定商品的符号价值，致力造就"新神"，以期在消费竞逐场域中拥有更多支配表意符号的权力，借由符号霸权控制社会成员。

数字化生存的乌托邦与数字造神活动打造了资本角逐的新猎场。"数字拜物教"出场的第一要素就是大数据的生产。数据不论是对于数字资本还是数字用户，都具有一种不可抗拒的魔力。"大数据的核心就是预测"[2]，消费者群体庞大的实践数据被数字技术编码，存储于数字平台，为数字资本循环、增殖创造良好条件，使得数字资本能够在海量消费数据中筛选有用信息、预测消费偏好、指导实际生产，让人们在数字消费追逐中，或因情绪冲动、压力缓解、奢侈追求、悦己自证、价廉实惠等，成为了数字拜物教徒。数字资本不遗余力地提供高度适配的个性服务，建构娱乐戏谑的消费环境，怂恿个体进行不加节制的自我消遣，使人们增加对于数字的依赖和崇拜，最终沦为"一个娱乐至死的物种"[3]。用户在享受数字服务的同时，必然增加网络消费时间，妄图以消费证明自身主体性，数字资本借此获得剩余价值实现资本增

---

[1] 马克思恩格斯文集：第5卷[M].北京：人民出版社，2009：90.
[2] 迈尔-舍恩伯格，库克耶.大数据时代[M].盛杨燕，周涛，译.杭州：浙江人民出版社，2013：16.
[3] 尼尔·波兹曼.娱乐至死[M].章艳，译.北京：中信出版社，2015：4.

值,看似"两全其美",实则忽略了"数字拜物教"背后隐藏的数字资本与数据"产消者"之间的剥削与被剥削关系。数字化生存打造的无所不能的"乌托邦"美好世界,其背后隐藏的却是"贫困、劳动折磨、受奴役、无知、粗野和道德堕落的积累"①。

数字消费主义价值观影响下的数字化生存出现了"数字贫困""数字零工""数字游民""数字难民"等新型社会性不公正问题。"人工智能导致的数字化生存,严重破坏传统生产的形式,让整个人类生存更为迷失与痛苦,不断沦为数字贫困者,并与四大贫困问题(工人贫困、生态贫困、精神贫困、智力贫困)互相勾连。"② 数字贫困是"数字拜物教"发展的必然产物,单向度数字崇拜使人们陷入"数字鸿沟"。数字权力的集中带来财富累积,与之相对应,不占有数字生产资料的"产消者"成为"数字贫困"人口,伴随着信息占有贫困,在庞大的数字鸿沟面前只能停下跟随信息发展的脚步。随着时代发展,"数字贫困"群体不仅包括由于信息占有无力影响自身收入的"数字零工""数字难民",还包括收入不低的码农和进行无酬劳动的消费者。他们在数字算法的统摄下,大量劳动时间被剥削,加之"数字拜物教"思潮的影响,主动超前消费、奢侈消费、狂欢消费,最终陷入物质上与精神上的双重困厄中不能自拔。数字劳工在不自觉中生产了大量的数据产品,却从未实现对数据产品的拥有权。坐拥数百万粉丝的汪某某、张某账号被抖音平台无限期封禁,他们的快餐品牌因抖音直播爆火,却也因与某明星之间的纠葛被抖音平台封禁,显然数字平台已然成为法官,可以直接决定企业的生死。所以在数字资本逻辑下,"贫困意味着饥饿,饥饿并非指的是没有食物,而是意味着没有对食物的所有权"③。

"现代数字佃农制度下的数字贫困人口的增长以及数字占有贫困情况的

---

① 马克思恩格斯文集:第5卷[M].北京:人民出版社,2009:744.
② 周露平.数字化生存的批判与建设[J].福建师范大学学报(哲学社会科学版),2022(6):96-106,131,171.
③ 阿马蒂亚·森.贫困与饥荒[M].王宇,王文玉,译.北京:商务印书馆,2001:7.

恶化"[1]是数字贫困化最现实的表现。掌握着数字技术控制权的资本集团，依靠其技术优势、精准算法和用户资源创造了强大吸引力的数字媒体平台，占据劳动者自由时间，榨取了巨额的剩余价值。数字劳工被困在狭隘的信息茧房之中，主体思维被固化、关系被割裂，无偿地生产数据，不断地进行数字消费，成为阿尔文·托夫勒所阐述的"产消一体者"，陷入数字贫困的循环怪圈，加剧着社会不公平现象。

四、技术规制与需求同质：资本操纵数字消费"信息茧房"驯化消费者样态

资本与数字技术的联姻机制是一把双刃剑，在促进社会发展进步的同时，也为数字消费主义的蔓延赋权。数字媒介不仅加速了数字消费主义的扩散，还强化了数字消费主义的逻辑。一方面，数字媒介通过信息符码拼贴构建"暗示链"，运用诱人的文案（美貌是需要用金钱来维持的、做一个有物欲的中年少女）、动听的声音（如"家人们，我把价格打下来了，不要998，不要98，只要9块8"）、视觉冲击的广告等，诱导消费者进入数字消费主义的操控逻辑中，膨胀欲望，自我被技术编码，接受技术的规制与画像；另一方面，作为数字消费主义传播载体和中介的数字媒介技术，具有开放性、虚拟性、实时交互性特征，能够最大程度地超越时空的局限实现信息传播，基于算法推荐的消费决策逐步"定制"个人消费选择，高度黏性且灵敏的个性化适配关系在信息供给与用户需求之间建立，从而实现对人们数字消费行为的精准化操控。各类"定制化"信息投放越多，越能吸引数字消费主体享受"私人定制"服务，数字平台对用户的消费数据抓取得越精确，遭遇算法反噬的程度也就越深。从深层而言，基于算法推送的消费便利服从于数字资本逻辑，

---

[1] 尼古拉斯·卡尔. 数字乌托邦[M]. 姜忠伟, 译. 北京：中信出版社, 2018：37.

数字消费自由背后隐匿着数字技术的意识形态属性。

作为"数字生物"的消费者在网络空间接受全景式监控,被贴上标签,划入"消费圈层",框定消费环境的认知范围,此间人们的消费需求不自觉地走向了"同质化"。马克思主义认为自由个性是"人的一切感觉和特性的彻底解放"①,当消费者的需求被定制、被同化,必然导致主体性式微的伦理困境,难以实现对自我本质、自由个性的准确把握。比如数字消费主义刺激"饭圈青年"进行偶像消费,通过各种手段方式让"饭圈青年"为偶像"氪金",在各个数字平台"打call""点赞"和评论,对偶像的依恋投射到其代言的产品中。一张"明星小卡"(就是印着明星自拍照片的小卡片)可以卖出上千元甚至上万元的价格,购买"明星小卡"以及拥有多少成为追星青少年"入圈"的资源凭证和等级依据。"饭圈青年"消费的依据主要是对偶像"人设"的情感认同,然而"人设"来自经纪公司的打造,粉丝们付出大量情感劳动和消费,购买批量化生产的产物,人们试图以文化工业的复制品来获得主体性的意图注定失败,最终导致理性的缺位以及自主性的离场。同质化的数字消费靶向炮制"驯服"数字消费主体的各项规则,试图营造一个由资本所操纵的数字消费"信息茧房",驯化符合资本控制逻辑的数字消费者样态。"因为对景观的迷入而丧失了对本真生活的渴望与追求,而资本家则依靠控制景观的生成和变换来操纵整个社会生活"②。

五、圈层依赖与孤独社交:数字消费关系"虚拟化"催生"荒芜化"身份困境

毫无疑问,身份政治与消费主义是天然的盟友。在各类虚拟社区,消费

---

① 马克思恩格斯文集:第1卷[M].北京:人民出版社,2009:190.
② 张一兵.文本的深度耕犁:后马克思思潮哲学文本解读[M].北京:中国人民大学出版社,2008:80.

关系通过"现实个体—数字符码—虚拟场域—欲望满足"的数字流程摆脱了物理空间的束缚，在数字技术的赛博空间交流互动、建构自我，呈现出"虚拟化"特征。"互联网不只会增加沟通交流的速度以及经济过程与生产过程的'虚拟化'，它还会形成新的职业结构、经济结构，以及沟通传播结构，开启新的社会互动模式，甚至是新的社会身份认同形式。"[①] 现实生活与乱花迷人眼的网络生活相较而言，显得平凡、庸常、匮乏，在"现实此岸"得不到的认同，迫切需要"数字彼岸"的认可。数字消费主义不断向大众灌输"我消费故我在"的价值认知，"依照'消费者'角色需要塑造其成员，并期望他们具有消费的能力和意愿"[②]。数字时代的人们承担着合格数字消费者角色，无差别享乐的消费伦理和即刻满足的消费惯习成为了他们"不可逃避的大众命运"[③]。由于数字资本驱动，消费者的需求不自觉地走向了"同质化"，塑造了数字"消费圈层"。人们被圈层意见所规训，出现自我认同危机，如商家培植和收买数字消费圈层"意见领袖"，激励其"安利""种草"，促使受众对商品产生亲和反应。"×××严选""×××推荐""×××同款"等，人们接受推荐进行的数字消费，已然成为"对某种变幻的价值等级的并归"[④]。人们从数字商品符号的消费中，定位自己，归类自己，同时寻找圈层成员。这种态势强化了对虚拟圈层关系的依赖，淡化了对真实自我的追求。

虚拟人际消费关系压缩了人们的现实生活体验，人与人的联结被数据关系所取代，线下体验所具有的氛围、情绪、情感、身体语言等被忽视和低估，人的现实生活空间被数字消费占据而趋向扁平化，使得真实的个体发展与社会关系产生了裂痕。个体回避具有直接社会联系的消费活动，远离现实人际

[①] 哈特穆特·罗萨. 新异化的诞生：社会加速批判理论大纲[M]. 郑作彧，译. 上海：上海人民出版社，2018：39.

[②] 齐格蒙特·鲍曼. 工作、消费主义和新穷人[M]. 郭楠，译. 上海：上海社会科学院出版社，2021：29.

[③] 乔纳森·克拉里. 焦土故事：全球资本主义最后的旅程[M]. 马小龙，译. 北京：中国民主法制出版社，2022：29.

[④] 让·鲍德里亚. 消费社会[M]. 刘成富，等，译. 南京：南京大学出版社，2014：72.

关系接触，通过数字消费建构电子身份。然而数字自我是依赖数字媒体中的他者评价的结果建构的，用数字消费来确立自我的身份认同无异于饮鸩止渴。"实际上，因为你无法真正进入全球消费主义的市场所营造的任何电子幻象，你必须要在人类和大量的选择之间构建出幻想的和谐关系。"[1] 数字自我不等同于现实自我，数字自我背后隐含对真实社会劳动关系的淡漠，网络情感联系多元化背后带来的是现实情感的空心化。现实中的身份局限与数字社交的多重诱惑，会促使人们寻找社交替代品，如虚拟社交，以减轻孤独感和无助感，正如社交替代理论（Social Surrogacy Theory）强调在社交互动受限或缺失的条件下，"个体可能通过其他途径寻求社交满足或补偿"[2]。究其本质，数字自我是个体与现实自我建立起的想象性关系，为他者承认而虚构的自我是个体对自我的误认。

六、价值驯化与意识屈从：数字消费主义的意识形态灌输加固社会隐性把控

数字消费主义的意识形态制造各种数字"治理术"，对消费者的生命观、价值观进行更精准、更彻底的调节与控制，旨在使消费者的自主意识无尽屈从和服从，以期实现社会层面的隐性把控。

随着社会发展进步，数字消费主义善于利用大数据、人工智能的协同升级和媒介技术的服务驱动来优化其社会控制力，将资本主义的意识形态隐匿在消费欲望之中，为资本谋取更多利益。同时，数字消费主义也在与泛娱乐主义、新自由主义等社会思潮的价值合流过程中不断拓宽价值阵地。当前消费逻辑下，数据化已经成为价值评价系统中的重要指标。消费者过分关注自

---

[1] 乔纳森·克拉里.24/7：晚期资本主义与睡眠的终结［M］.许多，沈河西，译.南京：南京大学出版社，2021：139.

[2] 李婷，孔祥博，王凤华.孤独感对消费行为的影响及其理论解释［J］.心理科学进展，2023，37（6）：1078-1093.

身的数字化消费成就,以数字消费指标量化价值认同,在商品的符码世界中诱导共情、开发欲望、驯化认同。"用户个体在社媒接收或传播产品更新、使用心得、审美品位等信息,在群体互动中激发消费欲望,最后通过消费满足自我或社会认同需求"[①]。数字消费者通过"消费品味""消费风格""消费体验"表达价值品质,迎合趋势、制造热点、吸纳点赞、增长粉丝,以期获得价值认可,极易导致价值观的表面化和片面化,从而对社会主义核心价值观产生冲击。比如数字消费流行语汇成为人们消费注意力的"发动机",它们既是消费圈层群体的区隔标签,也是进入消费圈群的门槛,更是价值认同的范式表达。"OOTD"(今日穿搭)、"MOTD"(今日妆容)、"NOTD"(今日指甲)、"新中式""穷鬼套餐""拧巴式消费"等消费语言,在无形中构筑了价值"模板",驯化着人们的思维,销蚀着人们的独立思考能力。本来以个性和创新为目标的消费流行语,反过来成为人们个性与创造力的束缚。

　　数字消费主义的意识形态指向有以下几种表现。一是数字资本不再如以往一般通过强制性的暴力手段压榨工人们的剩余价值,而是通过宣扬"消费自由"进行意识形态控制,灌输无尽的消费追逐是自我价值实现、生活品质提升的根本途径。为了构型"欲望伪境",深掘虚假需求的蓄水池,数字产品占有者致力于将符号化数字商品与文化因素、观念上层建筑相勾连,使数字商品成为特定社会阶层的象征与映射,存在经济差距和文化差异的消费用户因购买相同的数字产品,仿佛阶层间的鸿沟被缝合,工薪阶层把挣脱现实社会关系桎梏的希望寄托于拥有与精英群体相同的商品,以此获得他们的认可和接纳,满足精神意淫;二是不断膨胀数字消费欲望,把消费者的关注点逐渐从商品的使用价值聚焦到其背后的意识形态和文化意义,在数字技术和平台的推波助澜下,数字产品被贴上了国家、民族、地域的符号标签,在宏大叙事的催化下,个体单纯的数字需求显得无足轻重了;三是鼓吹"娱乐至

[①] 彭兰. 媒介化、群体化、审美化:生活分享类社交媒体改写的"消费"[J]. 现代传播(中国传媒大学学报),2022,44(9):129-137.

死"，强化娱乐"权柄"，宣扬数字消费是快乐之源泉，呼吁消费者在不顾及社会责任的情况下肆意作出消费选择，呼吁数字平台和数字商人在不考虑社会效益的情况下从消费市场中谋取利益。娱乐至死的群体狂欢不断侵蚀着人们的精神信仰，以及主流意识形态的实践感召力，在及时满足与无尽空虚的二重对立中，使人们落入价值虚无主义的陷阱；四是通过对"产消者"劳动时间精准化管控、碎片化占有、模糊劳动时间界限等显性剥削和闲暇时间剥夺、周转时间提速等隐性剥削，让个体于无形之中持续遭受资本权力意识形态的驯化与宰制，"吃饭、运动、睡觉、发呆、散步、遐想、娱乐、谈心等自由时间在无限缩短，而工作、出差、加班、忙碌、无休以及无时无刻的手机开机和网络在线等束缚时间在无限延长"[①]，人们在虚拟迷幻的"乌托邦"中成为免费数字劳工，沦为数字资本增殖逻辑的附庸，最宝贵的主体自主性、自由发展性、反思批判性被抽掉和取代了。

第三节 数字消费主义的祛魅路径

不可否认，当下我们身处数字消费提供的便利、快捷、高幸福感与满意度的生活之中，但相伴而生的是，消费主体在数字消费主义浪潮席卷之下，难以独善其身。消费主体被制造的欲望、侵占的时间、剥夺的空间、操控的情感、围猎的人生、塑造的价值、让渡的权力、迷失的自我……全方位侵占、管控、重构个体生命及主体价值，人们成为了服务数字资本增殖的自我剥削的"数字民工"、温驯顺从的"数字贫困者"，陷入数字消费主义主宰的生活迷途。数字消费主义的作用机制给数字产业、数字消费、数字用户带来了不容忽视的影响，妨害社会发展进步。只有从政治、经济、文化、技术多方面

---

① 姜英华. 数字资本的时间变构与时间规训及其异化后果[J]. 中国地质大学学报（社会科学版），2022，22（3）：16-24.

形成应对数字消费主义的有效合力,解构消费异化,规范数字文化,才能使数字信息技术和数字经济的发展符合社会发展规律,更好地助力新时代美好生活的实现。

一、遏制数字资本无序扩张,打破数字消费主义"幻象迷雾"

数字消费主义是数字资本逻辑增殖和扩张的产物,因此,破解数字消费主义迷局,实现对"数字拜物教"的祛魅,必须以资本为轴心展开,马克思主义认为"资本创造了巨大的财富涌流"[1],但同时也提醒人们注意,资本逻辑内含否定自我成长的一面,对资本积极扬弃,才能"实现人的自由全面发展"[2]。马克思指出:"新的更高的生产关系,在它的物质存在条件在旧社会的胎胞里成熟以前,是决不会出现的。"[3] 当前数字资本所容纳的生产力并没有完全释放出来,仍然有生存和发展的空间。所以我们不能谈"资"色变,要学会利用数字资本发展社会生产力;同时也要规制、驾驭数字资本,严格限制其侵入边界,建立对资本的制度、法律和道德约束,遏制资本野蛮生长,督促资本合理发挥作用。

第一,制度层面遏制数字资本霸权,防止权力膨胀。

作为资本特定形态的数字资本,逐利性和扩张性仍然是其本质特征,通过不断压榨和占有数字劳动者的剩余价值来实现自身膨胀,如果不加以规范和引导,"它必然会通过不断地压缩劳动者的生存空间而形成庞大的权力结构,从而带来数字鸿沟、算法霸权、数字拜物教、经济过度虚拟化等一系列负面问题"[4]。无论是数字资源还是基于消费主体信息的数字信息都具有不可

---

[1] 马克思恩格斯选集:第1卷[M].北京:人民出版社,2009:406.
[2] 马克思.资本论:第1卷[M].北京:人民出版社,2009:874.
[3] 马克思恩格斯全集:第31卷[M].北京:人民出版社,2009:413.
[4] 徐艳如.数字拜物教的秘密及其背后的权力机制[J].马克思主义研究,2022(6):105-113.

估量的价值，而一旦这些数字资源为资本所垄断，必然衍生出数字剥削、资源售卖等资本趋利恶相。要想消除数字消费主义带来的负面影响，必须在制度层面设置"红绿灯"[1]，强化制度层面刚性约束。中国特色社会主义制度既是中国发展数字资本的制度前提，也是中国发展数字资本的独特优势。坚定不移贯彻制度优势，加强国家监管和把控，建立健全资本运营的制度框架，明确资本在数字消费领域的权责权限，避免在资本权力隐性操纵下的数字拜物教的产生及其泛滥而带来意识形态风险。通过制度层面规范数字资本权力，既防止资本逐利性膨胀，又增强资本活力，形成现代化的数字消费发展样态。

第二，经济层面监管数字资本运作，重塑生产关系。

在经济层面抵御数字消费主义对人的剥削和霸权，要坚持一切从人出发，以致力于满足人民日益增长的美好生活需要作为数字消费的价值旨归。一方面，在生产领域降低过度符号化生产，回归数字商品使用价值本身；在消费领域抵制垄断价格，引导合理消费和公平竞争；在交换和流通领域，要消除数字霸权主义，推动数字生产要素自由流动，培育中小微企业发展，形成多极发展局面，建立公平自由流动的市场机制。另一方面，在重塑数字生产关系的过程中，要同时加强数字治理和数字建设，依法打击不法行为，推动数字化建设健康有序发展。

第三，法律层面明确数字资本边界，强化权力约束。

必须建立健全相关法律法规，严格规范资本的作用方式，防范资本操纵市场，防止数字资本越位。首先，在法律层面明确资本在数字消费领域的权责权限，规范数字资本的获取、控制、利用和分配等活动，保障消费者的数据所有权、使用权、知情权、选择权，切实保护好网络用户个人信息；其次，加强对数字资本各种突破法律和道德底线行为的惩处力度，厘清数字行为及数据产品分配的权限边界，营造公平竞争的市场氛围；再次，完善和健全数

---

[1] 邹伟，韩洁. 运筹帷幄定基调，步调一致向前进［N］. 人民日报，2021-12-01（12）.

字资本对数字劳动者的尊重及权益维护的法律法规，完善社会举报和权益保护机制，遏制对数字劳动者的过度剥削；最后，制定对"产消一体化"数字劳动者利益补偿的法律法规，充分尊重劳动，并给予相应报酬，减轻对人的压迫程度。

二、规制数字技术求真向善，应用"算法治理"实现消费正义

在数字消费社会中，数据作为一种新型生产要素已然融入生产、分配、流通、消费和社会服务管理等各环节，是人们在数字网络空间进行消费、购物、社交、娱乐活动的产物，本应是人们主体性力量的数据化显现和本质性确证，然而在数字资本与技术算法的耦合运作下，数据"却成为与人相背离的引导人的精神病理发展、支配人的行为方式的剥削力量"[1]。人们被数字资本打造的庞大数字景观所吸引，在追求欲望狂欢的"自由"中，于网络世界投入大量的时间、精力，源源不断地生产着数据产品，同时又被这些不为自身所占有的数据操纵着消费观、价值观、人生观。所以，破解数字消费主义迷思需要我们拆解"资本-数字技术"的联姻机制，从数字技术背后的"资本逻辑"走向"人的逻辑"，规制数字技术求真向善，推动数字技术真正服务于满足人民日益增长的美好生活需要。

第一，拆解"资本-数字技术"联姻，确立"以人为本"的技术立场。

任何一种技术本身并不具有伦理道德的自我取向，只是它与资本结合后便萌生了为资本服务的"意识"。科技发展一旦脱离了人的发展轨道，那么其给社会带来的结果必然是背离人而非服务人的。由此，数字技术发展的轨道必须"回到人自身"。一是要构建以人为本位的数字技术和数据生产资料的所有制关系，推动数字技术公开化、大众化，让数字技术回归工具本性，

---

[1] 成军青. 数字资本主义中的"数字精神权力"：现实表征、生发机理及破解路径[J]. 思想教育研究，2024（5）：94-101.

建立共建共享的公共数据资料库，使消费主体能够自行运用数字技术、利用数据产品来提升和完善自我；二是要加强对消费主体行为数据收集及处理的保护，确保消费主体在数据采集和数据使用流程中享有知情权、决定权、删除权等，加强他们对自身行为数据处理活动的自主性和可控性；三是要依靠大数据、智能算法等技术手段分析消费主体的真实消费需求，以人民大众的多样化、个性化美好生活需要为价值旨归来生产产品，形成健康、多元的数字化消费，遏制资本协谋数字技术制造虚假消费需求、扩大数字资本消费的恶劣行为。总的来说，要助推数字技术从以"资本需求"为导向的数字技术应用走向以"人民需求"为导向的数字技术应用。

第二，尊重数字技术的发展规律，促进数字技术创新式发展。

数字技术与智能技术不应是剥削"产消者"的工具手段，而应被把握为助力人民美好生活的劳动资料支撑。就尊重数字技术发展规律来说，一方面，要加强数字技术创新研究来拓展人类的知识范围和促进生产力的发展。中国正加快网络信息技术的推陈出新以更好地服务于社会、经济和政治建设，"在技术方面，要遵循技术发展规律，做好体系化技术布局，支持不同技术路线、技术架构的研发，培育若干小的生态体系，优中选优、重点突破"[①]，对已取得的良好经验应认真总结。另一方面，应推动数字技术及相关领域交叉融合应用，破除以资本为导向的技术发展路径，探索符合历史发展潮流和实现最广大人民利益的技术发展模式，"顺应第四次工业革命发展趋势，共同把握数字化、网络化、智能化发展机遇，共同探索新技术、新业态、新模式"[②]。

构建符合美好生活需要的数字技术创新体系，推进数字技术与实体经济融合发展，通过数字技术创新，创造更加丰富、多元的消费场景和体验，提供更多样的数字化消费生态要素和资源，实现数字化消费生态的匹配和优化。

[①] 中共中央党史和文献研究院. 习近平关于网络强国论述摘编[M]. 北京：中央文献出版社，2021：116.

[②] 中共中央党史和文献研究院. 习近平关于网络强国论述摘编[M]. 北京：中央文献出版社，2021：165.

强化低碳消费认知，引导在生产、流通、使用上的全场景全过程低碳数字消费，有效建立低碳消费与高品质生活的关联。建立消费者参与的数字商业模式。引导消费者充分表达消费需求，并参与生产决策和设计过程。通过数字平台，将先导性消费概念与产品设计实现路径相结合，实现消费者需求与生产供给的有效对接，促进协同创新，从而助推数字消费结构性优化，实现战略性、确定性增长。

第三，规范制衡"算法治理"应用，实现消费正义。

消费正义是指"从人的生命尊严及其价值的维度出发，对人的消费行为及其关系进行的经济合理性追问和价值合法性反思"[1]。秉持算法正义理念，采取措施规范和优化算法，优化算法技术源点，规避消费主义意识形态渗透。推动落实《互联网信息服务算法推荐管理规定》，在算法透明度、算法解释、用户标签自主选择等维度丰富、细化用户权利，保障用户知情权、公平交易权，以及未成年人等权益保护。建立算法审核机制，辨别算法在分类、筛选、推荐信息过程中可能造成的消费误导，评估企业算法模型是否存在消费歧视或操纵，有效促进算法正义的应用。加大对公共利益相关算法领域的研发投入，改变算法向资本扩张的偏向。

数字平台主动担责，在智能管理系统自动处理相关事务的过程中设置程序回转机制，即当智能管理系统无法满足个体的服务需求或直接否定其服务申请时，当事人有权拒绝系统自动化决策并可以要求转为"释疑决策与提供服务"的人工行政进行处理。大数据算法并不总是发挥着正向功能，也可能加剧因算法规则、程序的强制性导致的制度刚性。"即便目前最为先进的算法在辅助教育决策时，最多也只能呈现当前形势和局部环境下的相对最优解，而非立足于整体、追求本质且富有解释力的具体判断"[2]。这要求算法行政不

---

[1] 邹智贤.消费正义：破解现代社会消费困境的价值原则［J］.求索，2017（3）：89-93.
[2] 杨欣.教育数字化转型中的算法权力及其规制［J］.华东师范大学学报（教育科学版），2024（1）：114-126.

仅体现出技术性,更应该彰显公共性和人文关怀性,生成更多参与治理"序"的意义,更好实现治理行动中算法秩序与话语秩序的整合,并不是AI、数字技术对人的完全替代,而是以"技术秩序"为"人性秩序"赋能。

三、警惕数字消费主义"软霸权",引导消费主体回归消费理性

无限度鼓吹"数字消费自由""数字消费狂欢",通过虚拟现实(VR)和增强现实(AR)技术创造超现实的数字消费体验,激发人们情感共鸣和消费欲望,诱使他们沉溺其中无法自拔。实际上,这种令人感到自由和愉悦的数字消费幻象,遮蔽了数字资本家与数字技术对主体消费欲望、消费情感、消费偏好等个人私密数据的窃取,遮蔽了资本化数字技术利用数据画像对他们的情感欲望进行精准诱发,促使他们在情感牵动下进行契合资本增殖逻辑的消费。数字资本家的智慧之处就在于,从先于理性思考的精神层面的情感处进行操纵,隐匿操控他们的消费情感动机,进而无形中控制他们情感驱动下的自发性消费行为,使消费主体难以觉知自身行为被掌控,即使觉知到,也难以拒绝这种"投其所好""讨我欢心"的商品消费所带来的快感享受和积极的情感体验。

第一,反思"虚假需要",回归"所买即所需"之消费理性。

让·鲍德里亚指出:"个体不再反思自己,而是沉浸到对不断增多的物品/符号的凝视中去,沉浸到社会地位能指秩序中去"[1] 的时候,人将"变成符号及物品的鬼魂"[2]。人们每一次数字消费都能暂时获得即刻满足,为了满足自身欲望,消费者会投入大量时间成本,在网络空间追赶潮流、对比价格、攀比浪费,一旦停止消费,无尽的空虚感便会席卷而来,为消解寂寞、填满

---

[1] 让·鲍德里亚. 消费社会 [M]. 刘成富,全志钢,译. 南京:南京大学出版社,2014:198.
[2] 让·鲍德里亚. 消费社会 [M]. 刘成富,全志钢,译. 南京:南京大学出版社,2014:199.

空虚，又会投入消费洪流之中。因此，在充斥着"消费暴力"[①]的网络符号消费环境中，个体想要摆脱困境，就必须保持清醒的头脑，提升"数字敏感度"，回到"所买即所需"的理性消费中，正确认识自身需求，量入为出，节约资源，绿色消费。同时，培养个人审美旨趣，提升品位，高尚消费，遵循消费道德和消费伦理。

在自我反思的基础上，消费者要基于真实需求消费，避免消费活动中"虚假需要"的蔓延，控制自己的消费行为，摒弃盲目跟风、冲动消费，学会延迟满足，培养理性的消费习惯，遏制浪费现象，追求审美和情感的价值和谐，关注商品背后的文化内涵，将消费融入生活中，使其与个人成长、个体交往等更深层的需求联系起来，重新思考人、物、社会的关系。与此同时，要重视劳动在创造物质财富、实现自我价值过程中的重要作用。人只有通过劳动才能实现自我解放和全面发展，只有将自由个性和社会财富建立在个人全面发展和社会生产能力普遍提高这一基础上，人的主体性才能真正得以彻底解放。因此，个体应该坚持对劳动的价值认同和积极参与意识，摆脱单纯追求物质享受的消费主义价值观，从消费主导的生活状态走向以劳动为根本的实践活动，实现人的全面发展和解放。既要鼓励人们通过消费满足需求、彰显个性、提高素质，又要培育人们理性的数字消费观，追求健康的生活方式。

第二，警惕"伪善自由"，识别数字消费意识形态操控本质。

不断培养自我批判能力，增强反数字消费主义意识形态渗透的思维能力。一方面，要坚决抵制错误的"享乐主义""奢靡之风"以及"泛娱乐化"的错误消费思潮，培养健康向上的消费心理。受众的注意力是数字资本追逐的对象，吸引消费者关注资本扩张是应有之义。当下竖屏网络短剧作为一种数字文化消费产品，通过缔造"爽剧"常带有的"复仇""重生""逆袭"等

---

① 让·鲍德里亚. 消费社会［M］. 刘成富，全志钢，译. 南京：南京大学出版社，2014：12.

桥段，为用户构造出一个"无所不能""充满快感"的拟态环境，为用户排解在这个充满竞争、压力的社会环境下所产生的"无力感"，以趣味的、充满快感的内容达到"使用与满足"的目的。消费在数字资本制造的各种符号迷雾的宰制下，人"努力获得的已不再是真实的生存需要，而是用以自我催眠的精神'麻药'"①。另一方面，坚持社会主义主流文化价值观正确领导，逐步引导消费主体树立科学理性的消费文化观，"在辨别需要时充分发挥自主性、能动性，在数字消费文化的强力渗透和信息轰炸下持有清醒理性的独立人格，拥有理性的消费心理"②。

相较于传统的资本权力统御术，数字消费主义价值观更具"伪善性"，数字资本对人们的精神控制更为隐秘和深入，往往打着"给你极度快乐自由""完全替你考虑""为你提供极致个性化服务"的旗号，布控"软霸权"，试图让人们自愿接受资本主义体系的规则，进而操纵我们的思想与行为。因此，必须以社会主义核心价值观为指导，加强抵御数字消费主义意识形态对我们自由意志与行为的操纵。

第三，提升数字素养，打造优质"消费圈群"，成就"自由而全面"的新主体。

引导消费主体提升数字基本素养和数字认知能力，走出资本化数字技术对自身消费意志与行为操控的认知困境，使消费主体在数字消费过程中能够自我甄别资本化数字技术对消费欲望、消费情感的操控，增强自我保护意识，反思自身真实消费需求，进行健康合理的数字消费；规范引导数字消费圈层，培养合格且具备社会主义核心价值观的"意见领袖"，发挥数字消费圈层积极引领带动作用。网络消费圈层中的错误思潮可能被包装成各种形式，如游戏氪金、打榜PK，强化拜金主义和享乐主义，对圈层之外的他人和社会漠不

---

① 庞立生. 历史唯物主义与精神生活研究 [M]. 北京：人民出版社，2020：127.
② 谭静，刘文钦. 数字消费异化批判：表象形式、发生缘由及解蔽路径 [J]. 江苏大学学报（社会科学版），2023，25（5）：99-112.

关心，与社会主义主流文化背道而驰。因此需要做到：优化数字消费圈层产品供给，提高供需"适配度"；优化消费认知供给，破解精神"舒适圈"；优化情感关系供给，破解精神"孤独圈"；优化消费价值供给，破解精神"迷茫圈"。

在数字社会中重构消费的主体维度，使消费者摆脱算法操纵和数字意识形态，充分实现"自由而全面"的发展，是不容忽视且迫在眉睫的重大命题。作为数字消费者，要立足于适度够用的合理需求，主动摆脱高频率的物质迷恋，使消费回归于丰富的人性需要的本质。培育以崇尚自然、物尽其用和保护生态等为特征的新型消费观念和生活状态，既要以需求为导向，合理规划消费预算，避免"剁手族"等非理性的数字消费行为，又要以品质为导向做到"精致省"，选择节能环保的低碳产品，选择有利于个人成长和社会进步的文化产品，通过"寻求平衡和免遭异化，选择并重构那些服务于现代社会的审美感受、意识形态和逻辑元素"[1]，展现人的本质存在和价值。同时，要有消费责任意识，关注消费对自身、他人和环境的影响，反对奢侈浪费、破坏生态的消费行为，实现对数字生活的合理支配与引领，共同推动建设可持续的数字消费环境。

---

[1] 董天策，何璇. 消费主义逆行：基于豆瓣反消费主义小组的网络民族志观察［J］. 国际新闻界，2023，45（5）：75-95.

第五章
探源中国数字消费的乡村前奏

作为一种新型消费形态,数字消费似乎更应在市场条件相对较好的城镇中勃兴。然而,探究乡村数字消费的原貌却更能清晰地洞察数字消费较之前传统消费的不同。就如同在实验室中便于考察科学规律的纯粹状态一样,本章拟考察数字消费在乡村的发展及其影响。

第一节 数字消费能否助力乡村实现弯道超车?

2005年中央一号文件提出"加强农业信息化建设",2018年中央一号文件明确提出"实施数字乡村战略",2024年中央一号文件再次提出

第五章 探源中国数字消费的乡村前奏

"持续实施数字乡村发展行动,发展智慧农业,缩小城乡'数字鸿沟'",这一系列文件充分显示了中央对乡村数字消费的关注与重视。随着互联网技术的广泛应用,互联网技术已经渗透到日常生活的方方面面,用手机下单网络购物已经成为乡村居民购物消费的新方式,网络购物逐渐成为乡村消费增长的新引擎和新动能。目前,乡村数字消费的形式包括电商购物、直播带货平台购物、外卖购物、抖音平台购物等。与此同时,乡村数字消费在某些领域也在不断催生农村社会的变化,数字消费助力乡村实现弯道超车,值得期待。

一、农村电商成为乡村数字消费的主要形式

目前,在众多数字消费的形式中,农村电商是乡村数字消费的主要形式。近年来,乡村"电商达人"队伍不断壮大,"电商达人"人数越来越多,乡村居民通过电商网络购物、网络销售的总金额快速增加。通过互联网数字技术,农民们通过手机等简单的电子设备,利用抖音平台、快手平台等软件成为了"电商达人",变成了"带货主播"。他们借助互联网畅通的渠道,把更多藏在"深山"的优质农产品推向乡村以外的国内、国际大市场。当然,乡村的农民也能通过电商购买到全国各地,甚至世界各地的优质产品。

(一)农村电商使畅通国际国内市场成为现实

乡村通过农村电商的渠道,使农村消费市场和国内、国际消费市场成为了一个整体。乡村的优质农产品可以通过互联网电商销售到全国各地,甚至是世界各地;国内、国际市场上的优质产品,通过互联网电商也可以销售到乡村。农村电商跨境畅通国际国内市场借助于互联网电商已经成为现实。数据显示,2023年,中国跨境电商进出口额达到2.38万亿元,增长15.6%。

参与跨境电商进口的消费者人数达到 1.63 亿。① 这些消费者不仅包括发达地区的消费者、国际消费者，同样也包括偏远乡村的消费者。近年来，尤其是2011 年中欧班列开通以来，加之农村互联网设施的完善，现代物流业的快速发展，使广大乡村的消费者，不仅可以买到世界各地的产品，也使广大乡村的农产品销售到世界各地，这一情况大大加速了农村数字消费的进程。随着跨境电商快速发展，个人实现了"买全球、卖全球"的消费体验，这样既满足了国内消费者多样化、个性化需求，又助力中国乡村的农产品销售到世界各地。农村电商对于拉动乡村消费，促进乡村经济发展具有重要意义。毋庸置疑，目前中国乡村数字消费发展迅猛，消费形式多样，消费总量增长，越来越成为推动乡村经济发展的强劲引擎。2023 年，中国农村网络零售额达到2.49 万亿元，同比增长 12.9%；全国农产品网络零售额达 5870.3 亿元，同比增长 12.5%。② 农村电商拓宽了流通渠道，增加了农民收入，对于乡村全面振兴和畅通国内大循环具有重要的现实意义。

（二）农村电商有力促进国内大循环，带动农民增收和乡村消费

习近平总书记强调："要积极发展农村电子商务和快递业务，拓宽农产品销售渠道，增加农民收入。"③ 近年来，中国农村电商发展如火如荼，已成为推动乡村产业发展的重要引擎。为了保证农村电商更好地发展，国家及时出台相关政策法规，积极引导农村电商健康、快速发展。2024 年 3 月，商务部等 9 部门联合印发《关于推动农村电商高质量发展的实施意见》，引导农村电商实现数字化转型升级，帮助农民增加收入和提升农村消费。农村网络基础设施加速发展并不断完善，为农村电商的繁荣发展奠定了基础。同时，

---

① 海关总署：2023 年我国跨境电商进出口 2.38 万亿元 增长 15.6% [EB/OL]．[2024-01-12]．https：//economy.gmw.cn/2024/01/12/content_37086028.htm.

② 商务部．2023 年中国网络零售市场发展报告 [EB/OL]．[2024-06-13]．https：//baijiahao.baidu.com/s? id=1801731868209838177&wfr=spider&for=pc.

③ 习近平．论"三农工作" [M]．北京：中央文献出版社，2022：48.

今天的中国农村地区基本建立起县乡村三级电子商务服务体系和物流配送体系。得益于互联网数字技术的普及和现代物流体系的完善，偏远乡村的农产品也可以通过电商平台销售到全国各地，增加了农民收入，繁荣了乡村经济。农村电商正成为推动农村经济发展和乡村振兴的重要力量。农村电商拓宽了乡村农产品的流通渠道，增加了农民收入，推动了农村产业转型升级，促进了农村经济可持续发展。2023 年，多家电商平台开展了"村播"活动，取得了丰硕的成果。淘宝直播"村播计划"启动以来，农民主播开展助农直播，帮助农民销售农产品。部分主播直接在田间地头、养殖基地进行现场直播，以"我为家乡代言"等形式，唤起网民对农村、农民的情感共鸣，为助农直播带来新亮点，为直播带货拓展了新形式。农村电商在销售乡村农产品增加农民收入的同时，也把全国各地，甚至是世界各地的优质产品销售到了乡村村民的手中，拉动了乡村的消费，促进了乡村的经济繁荣。

（三）农村电商产品品牌化正在形成

随着农村电商的迅猛发展，电商产品的品牌效应日益明显。为了扩大电商产品的品牌效应，2023 年 4 月，农业农村部办公厅印发了《支持脱贫地区打造区域公用品牌实施方案（2023—2025 年）》，鼓励各地农村立足于区域公用品牌建设，开展电商平台进驻、电商直播培训、电商氛围营造等相关工作。全国各地积极响应，农村电商产品品牌化正在形成。肇庆四会是粤港澳大湾区面积最大的兰花种植基地。四会通过策动一系列品牌建设营销行动，成功打造了四会"中国兰花之乡"亮丽名片。直播电商是四会兰花的主要销售渠道，在区域公用品牌的助力下，四会兰花直播电商销量增长迅速，热销至贵州、云南、山东等地，节假日销量峰值更可达数千单。茂名荔枝也充分利用了电商平台，正通过互联网走进千家万户。骄人成绩的背后，是茂名荔枝电商人对"茂名荔枝"区域公用品牌打造的集体推动，统一的品牌标识及产品包装得到广泛应用和推广。随着农村电商规模的进一步扩大，发展速度的进一步加快,各地农产品品牌意识也将会越来越强,农产品的品牌将在市场形成更广泛的影响力。

二、乡村数字消费加快推动农村变革

数字消费不仅是推动乡村产业发展的重要引擎,也是加快推动农村变革的重要力量。随着互联网技术的广泛应用,乡村数字消费为农业生产提质增效奠定了基础。近年来中国乡村数字消费的迅猛发展,为做强农村农业产业提供了可能。乡村数字消费的快速发展,扩容提质必将助推中国农村的高质量发展。

(一) 乡村数字消费为农业生产提质增效

随着互联网应用场景不断丰富,网络基础设施建设纵深推进,提速降费政策稳步实施。通过一部手机、一根网线,城乡之间数据、信息等要素流通更高效,从田间地头到村民家里,越来越多的农村网民通过互联网数字消费,给乡村带来了新变化。

生产方式的变化,促使农业生产更优质更高效。当前农村老龄化趋势明显,劳动力出现结构性短缺,年纪大的农民由于年老体衰种不动地,而作为农业劳作的主力军,现代的年轻人却不愿种地。随着乡村数字消费的发展,各种数字商品"新农具"的不断"上新",使得农民的数字素养与技能不断提升,"谁来种地"的问题逐渐有了解决的方法。新时代的农民通过购买相应的数字商品,只需在手机上轻轻一点,就能实现气象、土壤、病虫害实时监测,浇水、施肥自动化操作,有异常情况还能收到及时预警,在线联系专家远程处理……;现代智慧农业生产方式用各类传感器和物联网设备作"耳目",各种智能农机设备代替"手足",用大数据精准管理,用算法和模型辅助大脑决策,实现农业生产从"跟着感觉走"到"数据说了算",助力农民从"会种地"到"慧种地"的转变在有些地方已经成为了现实。

如今,生产思想的转变,使未来的农业发展有了更多可能。传统农业中,手工的精耕细作,在互联网技术和各种数字商品"新农具"的加持之下,发展到了"耕种管收"。依靠智能化设备"耕种管收"已经成为越来越多新时代农民的选择。这种情况让更多人看到农业发展的新可能,追逐数字化浪潮的"新农人"队伍正逐渐壮大。农业农村部最新发布的《全国智慧农业行动计划(2024—2028年)》提出,到2028年底,农业生产信息化率要力争达到32%以上。毋庸置疑,随着农业生产信息化率逐年提升,农业生产格局将进一步改变。

(二) 乡村数字消费助力做强农村农业产业

农村网民是新型农业经营主体的主要来源,是乡村经济新业态的主要参与者。近年来,一批批"农民主播"将乡村日常生活、原生态美景美食、民间非遗技艺等在互联网平台展示,与网友共享,吸引了大量游客重识乡村、探索乡村、走近乡村,推动了乡村旅游持续火热。随着民宿、休闲农业等经济新业态在乡村落地生根,并通过网络运营开拓市场,为农民增收注入新动能。

(三) 乡村数字消费扩容提质加快农村经济发展

随着互联网技术的发展,消费场景不断从线下拓展到线上,消费对象也从商品实物日益拓展到数字产品,数商兴农、赛事云转播等新业态发展迅速,消费场景逐渐刷新,点燃乡村经济发展新引擎。中央政府先后印发了《关于打造消费新场景培育消费新增长点的措施》《关于促进服务消费高质量发展的意见》,围绕"丰富消费场景,培育和壮大消费新增长点"不断释放政策红利,凸显数字消费的广阔空间。

全国各地推出一系列促进数字消费的新举措,电商带货、即时零售等线上消费模式频频上新，带动形成文娱旅游消费等一大批新增长点，为经济发展添能蓄势。例如，在内蒙古当地助农主播通过电商平台直播乡村生活和文化娱乐活动，吸引众多游客前来旅游消费；在贵州当地举办以"和美乡村·数商兴农"为主题的农村电商直播大行动，发动各地组织开展形式多样、内容丰富的农村电商直播系列活动，引领带动农村电商高质量发展。乡村数字消费不仅能突破时空限制，打造出多样化的消费场景，同时还能扩展线下消费，为线上线下多元融合消费，转变消费观念，释放消费潜能，多渠道为农民增加收入。

第二节　乡村数字消费是数字倾销还是数字赋能？

数字消费是依托于互联网数字技术发展而出现的一种新型消费形式。起初数字消费主要发生在物流业比较发达的城镇，近年来随着乡村物流业的发展，乡村数字消费开始逐渐繁荣起来。所以从乡村数字消费被村民接受，到被村民作为一种消费的日常行为方式需要一定的时间。由于村民对网络的应用熟练度不高，在数字消费过程中某些应用不太熟练等，整体上看，乡村的数字消费目前处于起步阶段，并呈现出以下特点。

一、消费需求注重实用性

在中国农村地区，其独特的生产生活方式成为塑造农村居民消费需求的关键因素。由于农业生产的季节性和农村生活的实际需要，农村数字消费呈现出对实用性的高度关注。性价比高且功能实用的数字产品成为农村居民的首选。这种对产品实用性的执着追求，深刻反映了农村消费者在数字消费进程中，始终紧密围绕自身生活与生产的实际状况进行理性抉择的消费特质。

（一）数字化助力农业生产，精准解决实际难题

在农业生产方面，农民对于数字化的农业生产工具和技术有着明确的需求。例如，智能灌溉系统能够根据土壤湿度和气象条件自动调节灌溉水量，提高水资源利用效率，减少人力投入。农业无人机可以用于农田测绘、病虫害监测和农药喷洒等作业，大大提高农业生产效率。这些数字化设备和技术能够直接提升农业生产效益，解决农民在生产过程中面临的实际问题，因此受到广泛欢迎。

（二）关注生活消费，注重实用性价比

在生活消费领域，农村居民更倾向于购买性价比高、功能实用的数字产品。如耐用的智能手机，能够满足他们与外界沟通、获取信息、进行线上交易等基本需求。对于智能家电，如节能冰箱、洗衣机等，其稳定的性能和实用的功能是吸引农村消费者的关键因素。与城市消费者相比，农村居民较少追求高端、时尚但功能相对复杂且价格昂贵的数字产品，他们更注重产品在实际使用中的便利性和可靠性。这种对产品实用性的重视，反映了农村消费者在数字消费过程中，紧密结合自身生活和生产实际需求的消费特点。

农村消费需求与生产方式之间存在着千丝万缕的紧密联系。农村经济的根基在于农业生产，其季节性、风险性以及相对较低的生产效率等特点，共同决定了农民的收入水平在整体上处于相对有限的区间，进而严格限定了其消费能力。在这种经济约束条件下，农民在进行数字消费决策时，必然遵循理性经济人的行为逻辑，优先将有限的资金投向那些能够直接推动农业生产进步或切实满足基本生活保障的数字产品与服务。通过购置数字化农业生产设备提升生产效率，增加农产品产量与质量，进而提高家庭收入。在生活消费方面选择实用的数字产品提升生活便利性与质量，实现生产与消费之间的良性互动与循环。这样，农村家庭得以维持生计的稳定，并为农业生产的持

续发展奠定坚实的经济基础，确保在有限的资源条件下实现家庭经济的可持续运转。

二、消费群体年轻化趋势明显

近年来，农村年轻一代逐渐成为乡村数字消费的主力军。随着农村教育水平的提高和互联网的普及，越来越多的年轻人具备使用数字设备并参与数字消费的能力和意愿。

（一）农村年轻居民是数字消费的先行者

年轻的农村居民成长于数字时代，对新鲜事物的接受能力较强。他们熟悉智能手机、电脑等数字设备操作，能够熟练运用各种数字应用程序进行购物、娱乐、学习等活动。与老一辈农村居民相比，他们更倾向于通过网络平台购买商品和服务，享受数字消费带来的便捷和多样化体验。

（二）年轻新农人的数字消费偏好

在消费内容的偏好上，年轻的农村消费者彰显出鲜明的个性化与时尚化特征。在电子产品领域，他们紧跟科技潮流，热衷于购买具有前沿技术和时尚设计的流行电子产品，如高性能智能手机、平板电脑、智能穿戴设备等，这些产品不仅满足了他们对科技体验的追求，还成为其展示个性与品位的重要载体。在时尚服装和美妆产品方面，他们同样追求与城市潮流同步，通过数字消费渠道获取来自国内外的时尚资讯与品牌产品，以塑造独特的个人形象，满足自身的审美需求，并在社交活动中展现自信与魅力。此外，数字娱乐服务在年轻农村群体中也占据着重要的市场份额。在线游戏为他们提供了丰富多样的娱乐体验和社交互动机会，数字音乐和视频会员则让他们能够畅享海量的优质文化内容，满足其精神文化需求。值得注意的是，他们在关注娱乐消费的同时，也高度重视自身的职业发展与知识技能提升。随着社会竞争的加剧和职业发展的需要，他们积极参与在线教育课程，涵盖专业技能培训、学术课程学习、职业资格考试辅导等多个领域，并购买相关的学习资料，借助数字平台不断充实自己，提升自身在就业市场上的竞争力。

这种年轻化的消费趋势对农村数字消费市场产生了重要影响。一方面，它推动了农村数字消费的升级和多元化发展，促使数字消费市场提供更多符合年轻人口味和需求的产品和服务。另一方面，年轻消费者的消费观念和行为也在一定程度上影响着老一辈农村居民，逐渐带动整个农村消费观念的转变。

这一现象反映了农村消费群体对乡村社会变迁的影响。随着城乡交流的日益频繁和信息传播的加速，农村年轻一代受到城市文化和消费观念的熏陶，其消费行为逐渐向城市年轻群体靠拢。同时，教育的发展使他们具备更高的文化素质和消费能力，成为农村数字消费市场的新兴力量，为农村经济的发展注入新的活力。

三、消费时间具有季节性和集中性

在中国农村地区，其独特的生产生活节奏塑造了数字消费显著的季节性和集中性特征，这一现象深刻反映了农村经济与社会活动的内在规律，并对农村数字消费市场的运行产生了多维影响。

（一）季节性农忙与数字消费的"时差"

农业生产作为农村经济的支柱，其季节性特征极为突出。在农忙时节，如春季的播种、夏季的田间管理以及秋季的收割阶段，农民全身心地投入紧张而繁重的农业劳作之中。以北方小麦种植区为例，在小麦播种期间，农民需要精确把握播种时机，进行土地翻耕、种子播撒、肥料施撒等一系列精细操作，这一过程需要耗费大量的时间和精力，使得他们无暇顾及数字消费活动。同样，在农作物生长的关键时期，如灌溉、除草、病虫害防治等环节，农民也需及时关注农田状况，确保农作物的健康生长，数字消费在此时成为了生活中的次要事项。

（二）农闲时光，数字消费"热"起来

与农忙相对应的是农闲季节，特别是春节和秋收后的时段，农民的生活状态发生明显转变。春节期间，农村洋溢着浓厚的节日氛围，农民在经历一年的辛勤劳作后，迎来了相对充裕的闲暇时光，同时也因农产品的销售而获得一定的经济收入。此时，农村居民的消费需求呈现出爆发式增长，数字平台成为他们购买年货的重要渠道之一。在食品方面，他们会通过电商平台选购各类特色零食、新鲜水果以及优质肉类等；在服装领域，时尚的新衣、保暖的冬装等成为热门选购品类；家电产品如智能电视、节能冰箱等也备受青睐，旨在提升家庭生活品质。除了物质消费，文化娱乐方面的数字消费也显著增加。在线观看电影、购买数字图书以丰富精神世界，参与线上社交活动并与亲朋好友保持紧密联系等行为变得十分普遍。秋收后，农民在收获农作物的同时，也收获了经济回报，同样会有较强的消费意愿，数字消费市场在这一时期也会呈现出小高峰。

（三）农业生产节点的数字消费潮

在一些特殊的农业生产节点，数字消费需求也呈现出明显的集中性。当农产品收获后，农民面临着销售压力，此时他们对电商平台和物流服务的需求急剧上升。借助电商平台，农民能够突破地域限制，将农产品推向更广阔的市场，获取更高的销售价格。例如，一些果农通过网络平台将自家种植的水果销售到全国各地，极大地拓宽了销售渠道。在农业生产资料采购方面，农民会在特定季节集中购买种子、化肥、农药等必需品。随着网络购物的普及,越来越多的农民选择在网络平台上进行采购,因为网络平台能够提供更丰富的产品选择、更优惠的价格以及便捷的配送服务。他们可以在众多品牌和种类的种子中挑选适合本地土壤和气候条件的品种,通过比较不同商家的化肥和农药价格,选择性价比最高的产品,并享受直接配送到家的便利。

(四)农村数字消费,供需适配的季节密码

这种季节性和集中性的消费特点给农村数字消费市场的供给和服务带来了一系列特殊要求。从供给侧来看,数字消费平台和相关企业需要精准把握农村的生产生活节奏,提前做好充分的准备。在商品供应方面,应根据不同季节的消费热点,合理调整库存结构。例如,在春节前加大食品、服装、家电等商品的库存储备,确保在农民集中购买时能够及时供应,避免出现缺货现象。在物流配送方面,要充分考虑农闲季节特别是春节期间物流运输的压力,提前与物流企业合作,增加配送车辆和人员,优化配送路线,确保商品能够快速、准确地送达农村消费者手中。同时,企业还需针对不同季节的消费特点开展有针对性的营销活动。在农忙季节,可以推出与农业生产相关的数字工具或服务的优惠活动,如农业生产管理软件的试用或折扣,吸引农民在有限的闲暇时间关注和使用;在农闲季节,则可重点围绕文化娱乐、生活品质提升等方面的数字产品和服务进行推广,如推出在线教育课程的套餐优惠、数字影视平台的会员促销等,提高农村数字消费的活跃度。

从经济学的视角分析,这一现象清晰地体现了农村经济活动的周期性对消费行为的影响。农业生产的季节性决定了农民收入流的不稳定性和消费能力的波动。在农忙季节,农民的收入主要来源于农产品的生产过程,但此时由于时间和精力的限制,消费能力难以充分释放。而在农闲季节,农民在获得农产品销售收入后,收入相对稳定且闲暇时间增多,具备了集中消费的条件。根据效用最大化预期,农民会在这一时期合理安排消费,以满足家庭在物质和精神方面的需求,实现家庭效用的最大化。这种消费时间的规律性既为农村数字消费市场的发展提供了难得机遇,如在消费高峰期能够实现销售额的大幅增长;也带来了严峻挑战,如在消费淡季可能面临需求不足的困境。

四、消费受口碑影响较大

在农村社会的独特社会文化环境中,其社会结构呈现出人际关系紧密的显著特征。邻里之间、亲戚朋友之间的交往互动相对频繁且深入,这种紧密的社会联系使得口碑在农村数字消费进程中占据着关键的地位,成为影响消费决策的核心因素之一。

(一)口碑传播是农村数字消费的"双刃剑"

农村居民在面对数字消费抉择时,周围人的使用经验和评价往往是其重要的参考依据。以智能手机的购买为例,当一位农民有购买新手机的意向时,他通常会积极主动地向村里已使用过相关品牌或型号手机的村民进行详细咨询。他会仔细询问手机在日常使用中的性能表现,如运行速度是否流畅、操作是否便捷;关注信号强度在农村复杂地形环境下的稳定性,是否能够满足日常通信和网络使用需求;还会对电池续航能力格外留意,毕竟在农村可能面临充电不便的情况。如果这些方面都能获得积极的反馈,那么该农民购买此款手机的倾向会显著增强。相反,若周围人对某一产品或服务给出负面评价,哪怕只是个别方面存在问题,他大概率会重新考虑甚至放弃购买计划。

在农村电商领域,口碑传播的效应容易被放大。对于一家农村网店而言,如果其能够始终如一地提供高品质的产品和贴心的服务,成功赢得当地消费者的认可与好评,那么通过农村社会特有的口口相传的传播方式,它将吸引越来越多的农村居民前来选购商品。这些满意的消费者会在日常的交流中,如田间地头的闲聊、村头小店的聚会等场合,主动向他人推荐该网店,分享自己良好的购物体验,从而形成良性的口碑循环。然而,一旦出现产品质量瑕疵或售后服务未能及时到位的情况,负面口碑会以极快的速度在乡土社会中扩散。由于农村社会的信息传播网络相对集中且传播速度较快,这种负面评价会迅速被众多村民知晓,进而导致店铺的信誉遭受严重打击,生意也会随之受到极大的负面影响,客户流失严重。

（二）探源农村消费口碑依赖的背后逻辑

这种对口碑的高度依赖现象与农村独特的社会文化环境紧密相连。农村社会向来重视人情关系和群体认同,在这种文化氛围的熏陶下,人们从内心深处更倾向于相信身边人的经验分享和建议指导。相较于城市中信息来源的多元化和相对丰裕,农村地区的信息来源相对有限,获取信息的渠道也较为单一。在这样的背景下,口碑作为一种重要的信息传播途径,在帮助农村消费者降低决策风险方面发挥着不可替代的作用。它能够让消费者在有限的信息资源中,依据他人的实际体验作出更契合自身实际需要的消费选择,减少因信息不足或信息误导而产生的决策错误。

这一现象深刻体现了人际传播在农村消费领域的核心重要性。在农村的传播生态体系中,人际传播凭借其较高的可信度和强大的影响力脱颖而出。与广告宣传等其他传播手段相比,口碑传播因其源自真实的使用体验和熟悉的人际关系,更容易得到农村居民的信任,进而被他们所接受和采纳。因此,对于致力于拓展农村数字消费市场的企业而言,仅仅关注产品和服务的质量是远远不够的。还需积极主动地营造良好的口碑环境,通过不断优化消费体验,从产品的品质把控、购物流程的便捷性到售后服务的及时性和有效性等各个环节入手,全方位地赢得农村消费者的信任与支持,从而在竞争激烈的农村数字消费市场中占据有利地位。

五、数字消费信任度有待提高

尽管数字消费在农村地区呈现出快速发展的趋势,但农村居民对数字消费的信任度仍然相对较低,这在一定程度上制约了农村数字消费的高质量发展。

(一) 两大"黑手"拉低农村数字消费信任度

网络诈骗是影响农村数字消费信任度的重要因素之一。由于农村居民的数字素养相对较低,对网络诈骗的识别和防范能力较弱,一些不法分子利用这些薄弱点,通过虚假网站、诈骗电话、短信等手段骗取农民的钱财。例如,假冒电商客服以退款、退货为由诱导农民提供银行卡信息、验证码等,导致农民遭受经济损失。这些诈骗事件的发生,使得农民在进行数字消费时心存顾虑,对数字交易的安全性产生怀疑。

产品质量和售后服务问题也影响着农村居民对数字消费的信任。在农村电商中,存在部分商家销售假冒伪劣产品的现象,一些商品的实际质量与宣传不符,或者在使用过程中出现问题后难以获得有效的售后服务。这使得农民在购买数字产品和服务时,担心自己的权益无法得到保障,从而降低了对数字消费的信任度。

此外,农村的网络环境和支付体系相对不够完善,也增加了农民对数字消费的担忧。网络信号不稳定、支付过程出现故障等情况时有发生,这些问题进一步削弱了农民对数字消费的信心。

(二) 多方合力攻克信任难题,优化乡村数字消费环境

为了提高农村数字消费的信任度,需要政府、企业和社会各方共同努力。政府应加强网络监管,打击网络诈骗行为,完善相关法律法规,保障消费者权益。企业要加强自律,提高产品和服务质量,建立健全售后服务体系。同时,还需要加强对农村居民的数字素养教育,提高他们的网络安全意识和防范能力,增强他们对数字消费的信任。

完善的法律体系能够为农村数字消费提供有力保障,规范市场秩序,打

击违法犯罪行为，维护消费者的合法权益。只有在法律保障下，农村居民才能更放心地参与数字消费，促进农村数字消费市场的健康发展。

六、数字消费渠道多样化

在数字经济蓬勃发展的浪潮中，农村数字消费渠道呈现出日益多样化的显著态势，这已成为推动农村消费市场变革的关键力量。

（一）电商平台发力，乡村数字消费焕新

电商平台作为农村数字消费的核心渠道之一，在农村地区的影响力持续攀升。以淘宝、京东、拼多多等为代表的大型电商巨头，凭借其强大的资源整合能力和广泛的市场覆盖范围，成功地深入农村市场。这些平台所提供的商品与服务种类丰富，几乎涵盖了农村生产生活的各个方面。在农产品领域，农民能够便捷地采购到来自不同地区的优良种子、高效化肥以及先进的农业生产用具，助力农业生产的现代化进程。对于生活消费，家电产品满足了农村家庭提升生活品质的需求，服装和数码产品则紧跟时尚与科技潮流，丰富了农民的日常选择。更为重要的是，电商平台打破了地域限制，使农村居民不仅能够轻松购入全国各地的特色商品，还为本地农产品开辟了广阔的外销途径，有效促进了农村经济的内外循环。

农村电商服务站在农村数字消费生态中占据着不可或缺的地位。通常在当地政府的积极推动或企业的战略布局下设立，这些服务站构建起了农村居民与数字消费世界的桥梁。其提供的一站式服务全面且贴心，电商代购服务解决了部分农民对线上购物操作不熟悉的难题，工作人员依据农民的需求精准搜索商品，并协助完成下单与支付流程。代收代发服务确保了商品物流的顺畅，农民无须担忧包裹的收发问题。产品展示功能让农民能够直观地了解各类新产品的特性与优势。技术培训更是为农民赋能，提升其数字消费技能

与电商运营能力，激发农民参与数字经济的积极性，有力推动了农产品电商的本地化发展。

(二) 社交平台引领乡村数字消费新潮流

移动支付应用的普及为农村数字消费带来了前所未有的便捷性。微信支付、支付宝等主流移动支付工具在农村的使用率稳步增长，逐渐融入农民的日常生活。借助手机终端，农村居民能够迅速完成线上支付、安全转账以及便捷交费等操作，极大地简化了消费流程，提升了交易效率。与此同时，部分农村金融机构积极响应农村数字消费的发展需求，创新推出一系列适合农村居民的数字金融服务。小额信贷为农民开展农业生产、创业活动提供了及时的资金支持，助力其扩大生产规模、尝试新的经营模式；理财服务则引导农民合理规划资金，实现财富的稳健增值，进一步增强了农村居民的数字消费能力。

社交媒体平台的兴起开辟了农村数字消费的新路径。微信、抖音、快手等平台成为农民获取商品信息的重要窗口。通过观看直播带货，农民能够实时了解产品的详细信息、使用方法与实际效果，主播的生动讲解与现场演示增强了产品的可信度与吸引力。社交媒体上的网红与达人凭借自身的影响力，分享真实的消费体验与专业的产品推荐，在农村居民的购买决策过程中发挥着日益重要的引导作用。这种基于社交关系与用户生成内容的消费引导模式，充分适应了农村社会的人际交往特点，有效促进了数字消费在农村的传播与扩散。

值得关注的是，数字消费渠道的多样化在为农村居民创造更多选择与便利的同时，也对渠道的规范与整合提出了迫切要求。

第六章
审视绿色消费的异曲同工：
中西文明交流互鉴的视角

中国古代很早就形成"天人合一""道法自然""仁人爱物"等绿色观念"底色"，但是由于生产力水平低下，并不具备绿色消费的条件，最终形成等级消费和"去奢崇俭"的消费倾向。西方中世纪也长期倡导禁欲主义，根本原因也在于生产力低下；工业革命推动消费主义的盛行，到了20世纪西方才从环境恶化的梦魇中反省人与自然和谐关系的重要性，可以说这是与东方"天人合一"千年后的"相遇"，于是产生了绿色消费思潮。从历史角度看，中华优秀传统文化中蕴含着丰富而独特的绿色文化思想，是我们今天倡导并践行绿色消费的宝贵思想资源和文化遗产。从空间视角看,国际视野下不同国家或地区绿色消费的具体案例,也为中国的绿色消费发展提供了启示和借鉴。

第一节 "天人合一"理念下中国"自知自觉"的绿色消费

"天人合一""道法自然"和"仁人爱物"的价值理念是中国古人绿色观念的思想源头,也是今天绿色消费的思想依据。绿色消费与"天人合一"价值理念高度契合,与"道法自然"拥有共同的目标,与"仁人爱物"的理念相融合。但是由于中国古代相对匮乏的物质条件,消费观念倾向于去奢崇俭、知足节制。同时,中国古人"去奢崇俭"的消费观中也包含适度与合理消费的理念,符合循环经济的价值理念,与绿色消费价值契合。

一、中国古代"天人合一"的思想

中国传统文化中包含有丰富的尊重自然、尊重生命、强调人与自然和谐的绿色文化思想,这成为中国提倡绿色发展和绿色消费的重要依据和思想来源。2017年1月25日,中办、国办印发了《关于实施中华优秀传统文化传承发展工程的意见》,明确要求传承"道法自然""天人合一""尚和合"等核心价值理念,并将其融合到当代绿色发展理念中,构建与时俱进的文化意识形态和生活方式。

(一)天人合一,和谐共生

"天人合一"是中国传统思想的核心范畴之一,其以人与自然的和谐统一为核心,蕴含着尊重自然,善待万物的行为伦理。早在孔子的春秋时代,

"天"已摆脱上古的宗教神学属性,专指具有生命意蕴,保持生长、运动与发展秩序的自然界,与人保持着密切的联系。

"天人合一"认为"人"是宇宙自然演化的产物,与自然环境相互依存。《易传》认为,"有天地,然后万物生焉"①。汉代董仲舒提出:"天人之际,合而为一","天地人……三者相为手足,合以成体,不可一无也"②,把天与人看成一种相互依存的关系。宋代程颢则强调"天人本无二,何必言合",即天与人本就一体,没有必要将其二者看成独立个体,亦不必将其合二为一,故"言天地之外,便是不识天地也"③。宋代理学的集大成者朱熹将"天理"作为万物的本体,认为"天地之间,有理有气……人物之生,必禀此理,然后有性,必禀此气,然后有形"④。由此可见,人类产生和进化离不开自然环境的"天","天"为人类的发展提供了物质养料。

在古人眼中,人与自然的天是一个整体,二者共存,休戚与共,相互作用。不仅动植物等生命体有着意志,连土地、山川等非生命体也有着生命的脉动。正是基于这一思维,有学者以"存有的连续性"阐发这一概念,认为"所有形式的存在,从石头到天,都是一个往往被称为'大化'的连续体不可缺少的组成部分,既然任何东西都不在这个连续体之外,因而存有的链条就永远不会断裂"⑤。这就要求人类将自己纳入天、人关系中,成为其一环。在改造自然的实践活动中人类应将自然界的万物看成是一个整体,并处于与自己同等的地位。因此人类要以道德的方式善待其中的动植物、山川等,所谓"仁者以天地万物为一体",做到天、人的和谐相处。

"天人合一"是古人朴素宇宙观、自然观的反映,也是正确处理人与自

---

① 周易[M]. 郭彧,译注. 北京:中华书局,2006:413.
② 苏舆. 春秋繁露义证[M]. 钟哲,点校. 北京:中华书局,1992:288,168.
③ 程颢,程颐. 二程集[M]. 王孝鱼,点校. 北京:中华书局,1981:81,43.
④ 朱熹. 朱子全书(23册)[M]. 上海:上海古籍出版社,2002:2755.
⑤ 杜维明. 存有的连续性:中国人的自然观[M]//儒学与生态. 南京:江苏教育出版社,2008:101.

然关系的核心价值,要求我们善待、保护自然,与自然和谐相处,不能为了发展眼前利益,肆意破坏自然。其对今天的绿色观念有启发意义。

(二)道法自然,慎用技术

老子主张"道法自然",曰:"人法地,地法天,天法道,道法自然。"道家将整个"宇宙世界"分为道、天、地、人等诸要素,认为"人"只是其中之一,即所谓:"有物混成,先天地生。寂兮寥兮,独立而不改,周行而不殆,可以为天下母。吾不知其名,字之曰道,强为之名曰大。大曰逝,逝曰远,远曰反。故道大,天大,地大,人亦大。域中有四大,而人居其一焉。"[1] 道、天、地、人等诸要素是一个整体,难分伯仲,亦缺一不可,否则就会影响整个"宇宙世界"的和谐运行。

作为"宇宙世界"其中一环的人类,做任何事,尤其是改造自然时,要了解自然,遵循自然规律,认识到自然的制约作用,不能逾越自然规律,打破自然和谐。人类如何做到上述情形,就要"道法自然"。在道家看来,天地万物都是一个系统,而"道"则是天地之根、万物之母,是万物的本原。所谓"道生一,一生二,二生三,三生万物。万物负阴而抱阳,冲气以为和"[2]。自然万物从本原上具有统一性,就是所谓"道",人类也要以其为准则去处理事物。"自然"就是不受外力干涉的状态,对其不要施加命令和干涉,其不仅是"道"之属性,也是效法大道之万物的属性。就圣人而言,应该遵从"无为而无不为",推行无为政治。

正是基于道法自然,无为而治的思想,庄子就技术对人性和自然可能带来的威胁和破坏极为敏感。庄子曾依托孔子弟子子贡讲了一个故事。有一天子贡见一老者用瓦罐汲水浇菜,用力甚多而功效甚少,于是问道:"您何不制作桔槔取水呢?"老者闻听此言,忿然变色道:"有机械者必有机事,有机

---

[1] 陈鼓应. 老子今注今译 [M]. 北京:商务印书馆,2003:169.
[2] 陈鼓应. 老子今注今译 [M]. 北京:商务印书馆,2003:73,233.

第六章 | 审视绿色消费的异曲同工：中西文明交流互鉴的视角

事者必有机心。机心存于胸中则纯白不备。纯白不备则神生不定，神生不定道之所不载也。吾非不知，羞而不为也。"① 很明显，庄子凭借老者之口，对于凭借外力的技术极为厌恶，认为其将破坏人心，导致天道无法运行，因此主张彻底摒弃。相较于道家对技术的反对态度，作为儒家代表人物的子贡却肯定技术的价值，主张积极推广。当然，后来儒家学者对技术导致的负作用亦很谨慎，主张进行管控和限制，以免对道德和政治形成损害，主张以"仁心"行"仁术"②。例如，晚清在"夷夏大防"的背景下，儒家保守派将西方技术一概斥为"奇技淫巧"。

（三）仁人爱物，恻隐敬畏

儒、佛、道学说，都承认世界是一个相互联系、影响的生命共同体，其本原具有一致性，同根同源，因此不管人类、动物还是自然万物地位都是平等的，并不存在高低贵贱之分，都应该受到尊重和爱护。

孔子提出仁爱之说，主张人与人应该相互关爱，就是所谓"仁者爱人"。孟子继承了孔子的学说，认为"君子之于物也，爱之而弗仁；于民也，仁之而弗亲。亲亲而仁民，仁民而爱物"③。孟子把孔子的"仁"由亲亲、仁民，推广到爱物，将仁爱之心的范围扩展到人类之外的自然万物。儒家将仁爱施行于万物，进而主张同情爱护自然万物，并强调要恻隐和敬畏自然。后代儒家一直强调对自然万物的敬畏，通过祭祀天地、山川等形式表达出来。孔子主张不要对鸟兽赶尽杀绝，要施以仁心，故曰："子钓而不纲，弋不射宿。"孟子认为"人皆有不忍人之心"④，就是恻隐之心，表现出来就是对动物的怜爱和同情，所谓"恩及鸟兽"；对植物生命的珍视，所谓"德及草木"，还有"恩至于土""恩至于水"等。孟子还进一步说道："不违农时，谷不可胜食

---

① 陈鼓应. 庄子今注今译 [M]. 北京：中华书局，2009：344.
② 魏云涛，乔清. 论中国古代生态思想的现代价值 [J]. 理论与评论，2020（6）：84-96.
③ 朱熹. 四书章句集注 [M]. 北京：中华书局，1983：370.
④ 朱熹. 四书章句集注 [M]. 北京：中华书局，1983：238.

也；数罟不入洿池，鱼鳖不可胜食也；斧斤以时入山林，材木不可胜用也。谷与鱼鳖不可胜食，材木不可胜用，是使民养生丧死无憾也。养生丧死无憾，王道之始也。"① 儒家学者深刻认识到自然资源的有限，并非取之不尽，用之不竭，因此认为一定要控制个体的欲望，有所节制，对其进行养护，取用有度，否则再丰富的资源也会枯竭。

道家同样主张万物平等，在"齐物论"基础上，要求善待生命，顺物之性。老子言："天地不仁，以万物为刍狗；圣人不仁，以百姓为刍狗。"② 庄子亦曰："以道观之，物无贵贱"。庄子还进一步阐发老子的主张，认为人之所以不承认万物的平等地位，在于怀有"己贵而物贱"的观念，根本上是没有从"道"的高度去理解人与万物之间的关系。这就又回到了"道法自然"的观念之中。可见天人合一、道法自然与仁人爱物可以说是层层递进，阐释了天、人、道之间关系。基于社会现实角度，庄子进一步推论到，人类的理想生活方式要做到朴素无欲，与鸟兽共居而不相害，人与自然和谐融为一体，即所谓"夫至德之世，同于禽兽居，族与万物并"③。

从中可以看出，在对待自然万物的态度上，儒家主张克制欲望，适当捕取利用，但不可大肆捕杀，令其灭绝。但是庄子更加"激进"，主张人类与鸟兽和谐共处，平等对待。作为杂家集大成的《吕氏春秋》也指出："竭泽而渔，岂不获得？而明年无鱼。"因此，无论道家、儒家和杂家都主张对自然万物保持怜悯、保护之心。

东汉以来传入中国的佛教进一步强化了人们在儒、道基础上形成的对自然万物的平等与怜悯态度。佛家以缘起论阐释天人关系，一是以佛性论为基础，认为众生平等；二是主张慈悲为怀，不造杀业。佛教将万物看成因缘聚合之体，认为世界万物因缘而联系起来成为一个互相联系的整体，认为其

---

① 朱熹.四书章句集注［M］.北京：中华书局，1983：203.
② 陈鼓应.老子今注今译［M］.北京：商务印书馆，2003：93.
③ 陈鼓应.庄子今注今译［M］.北京：中华书局，2003：270.

"缘起性空"，佛教不主张万物都有相同的佛性，众生平等。竺道生言："闻一切众生，皆当作佛"①。处于六道轮回之中的畜生，亦可转世为人，因此也有成佛的基础。佛教主张"慈悲为怀，万物皆有佛性""青青翠竹，尽是法身，郁郁黄花，无非般若"，一切生命都应受到尊重。佛教宣扬的因果报应及不杀生的戒律要求佛教徒要与自然和谐共处，善待万物。由于佛教在广大民众中形成的巨大影响力，以及在统治阶层中的大量信众，使众生平等，慈悲为怀的观念进一步深化。

继承"天人合一"所体现人与自然和谐思想构建的绿色消费观，要求爱护我们的环境，善待其他生命，与自然和谐相处，共同构建可持续的绿色家园。"道法自然"要求谨慎对待改造外部世界的方式，尤其要审视技术手段的负面效应，避免技术滥用造成的生态危机，做到按照自然、和谐的方式处理与自然的关系。"仁人爱物"要求人类对自然万物要施予仁爱之心，强调众生平等，对待同类和异类要怀有善念，不可竭泽而渔，导致生灵涂炭。"天人合一"是整体观，"道法自然"是方法论，"仁人爱物"是态度和手段，三者层层递进，构成了绿色消费的古代思想源头。

二、古人去奢崇俭、知足节制的消费观念

在"天人合一""道法自然""仁人爱物"的思想影响下，重视内心宁静和道德规范的古代儒家社会，在生产力相对落后，重农抑商、重义轻利的社会氛围中，形成了去奢崇俭，知足节制的消费观念。这对中国古代社会产生了深远影响，也为今天倡导绿色消费观提供了反思和启发。

早在春秋时期，孔子就提出了去奢崇俭的思想，认为这是礼的本质，也是个人道德修养和国家治理的重要原则，其曰："大哉！问礼，与其奢也，

---

① 石峻，等. 中国佛教思想资料选编：第1卷［M］. 北京：中华书局，1981：203.

宁俭；丧，与其易也，宁戚。"① 孔子认为节俭是一种美德，所谓"君子惠而不费"。当然，孔子主张个人节俭，但要求不要对他人吝啬。孟子反对统治者将奢侈作为显示地位与权威的手段，主张清心寡欲，提出"养心莫善于寡欲"。荀子主张平衡个人物质需求与有限自然资源之间的关系，他认为人的欲望是合理和正当的，其曰："人之情，食欲有刍豢，衣欲有文绣，行欲有舆马，又欲夫余财蓄积之富也。然而穷年累世不知足，是人之情也。"② 但是也要节制欲望，做到固本和节制，就是国强民富且要"节用"，即"强本而节用，则天不能贫"，"本荒而用侈，则天不能使之富"。荀子曰："足国之道，节用裕民而善臧其余。节用以礼，裕民以政。彼裕民，故多余，裕民则民富，民富则田肥以易，田肥以易则出实百倍。"③ 荀子认为国家要通过"节用"，藏富于民，从而实现强国。同时荀子主张维持自然生态环境的平衡，实现可持续发展，不可竭泽而渔。"伐其本，竭其源，而并之其末，然而主相不知恶也，则其倾覆灭亡可立而待也"。④ 由此可见，孔子已经认识到个人无限欲望与自然资源有限性的矛盾，主张提升精神境界，减少对物质生活享受的追求。荀子也提倡节俭，但却不主张抑制民众的合理需求，从而激发民众的生产积极性。

同时代的其他学派也有去奢崇俭的主张。老子认为节俭能维持长久，奢侈则是短暂的，简朴的生活方式符合自然法则，即"道"。节俭也更有益于个体的身心健康，故反对奢侈、浪费。庄子主张抑制欲望，强调"无欲"。墨子明确提出"节用""非乐"和"节葬"的理念，批判统治阶级的奢侈、腐化，提出"俭节则昌，淫佚则亡"的主张。

秦王朝因残暴、奢华而亡国。受到战争摧残的西汉王朝奉行黄老之学，

---

① 朱熹. 四书章句集注 [M]. 北京：中华书局，1983：62.
② 王先谦. 荀子集解 [M]. 北京：中华书局，1988：67.
③ 王先谦. 荀子集解 [M]. 北京：中华书局，1988：177.
④ 王先谦. 荀子集解 [M]. 北京：中华书局，1988：195.

第六章 审视绿色消费的异曲同工：中西文明交流互鉴的视角

崇尚无为而治，提倡节俭。汉初政论家、思想家贾谊主张节俭，反对奢侈。《淮南子》也提出"不以奢为乐，不以廉为悲"的主张，将去奢崇俭作为个人修养与治理国家的重要手段。东汉世家大族和豪强崛起，奢侈腐化之风盛行。针对这一问题，王符在《潜夫论》中倡导节俭，对利己主义进行批判，主张辩证看待消费与个体欲望的关系，认为奢侈腐败是一种社会问题。这一时期，佛教的传入带来了禁欲观念的传播，主张克制消费欲望，进一步强化了传统节俭的风尚。

唐代前期整体比较崇尚节俭，但是到了武则天时期，尤其是唐玄宗统治后期，伴随着开元天宝盛世的到来，统治阶级奢侈腐化日益严重。安史之乱以后，唐王朝经济受到严重破坏，但侈靡之风愈炽，所谓"世愈乱，奢侈愈甚也"[1]。白居易继续提倡儒家传统的去奢崇俭观念，认为奢侈阻碍了政治发展，且导致民众贫困，激化社会矛盾，主张自律节俭，提倡"知足论"。"知足论"主张安贫乐命，知足常乐，显示了士大夫阶层的价值追求。宋代打破了唐代的坊市结构，社会物质文化生活更加丰富，民众消费欲望更加强烈。宋代理学大师朱熹主张"存天理，灭人欲"，认为满足人的正常欲望，即"俭"就是天理，而超越人的正常需要，奢侈腐化就是不必要的人欲，因此"存天理，灭人欲"就是要求去奢崇俭。尽管如此，但是朱熹并不赞同禁欲主义倾向。

明清社会经济生活空前繁荣，物质消费多样化，消费思想也趋于多元化。明代陆楫著有《论崇奢黜俭》，主张"崇奢黜俭"，少见地公开批判传统消费思想。他认为奢侈不是国家贫困的根源，相反节俭才会令社会陷入贫困。清代李渔也不主张对奢侈进行过度批判，但提倡享受原始质朴的生活方式，他还著有《饮馔部》等，关注吃、穿、住、行等日常生活领域。

长期以来，古代中国去奢崇俭、知足节制的消费观占据主流地位，也是儒家官方意识形态及文人士大夫推崇的生活方式。去奢崇俭、知足节制，反

---

[1] 吕思勉. 隋唐五代史（下册）[M]. 上海：上海古籍出版社，1984：856.

对浪费资源,提倡合理消费,有利于降低人类活动对自然环境的破坏,推动循环经济,实现经济的可持续发展。但是由于战乱和经济落后导致过度节俭及重农抑商的盛行,反过来又抑制生产、市场需求和流动,也抑制了古代社会的技术创新,对经济发展有一定制约。另外,古代中国儒家崇尚"礼",造就了等级森严的封建社会,消费也具有强烈的等级色彩。长期以来,名分、地位、权力决定了个人的住宅、车马、服饰、食品等消费层级,进一步扩大了社会的阶级差别。这与儒家、道家所提倡的仁人爱物、万物平等观念相背离。

三、"天人合一"等价值理念与绿色消费要求的内在一致性

绿色消费是20世纪末伴随绿色环保观念而出现的一种新型消费方式,也是一种新的生活方式。绿色消费"以节约资源和保护环境为特征的消费行为,主要表现为崇尚勤俭节约,减少损失浪费,选择高效、环保的产品和服务,降低消费过程中的资源消耗和污染排放"[①]。绿色消费号召将消费者权益、社会环境和能源等统一起来考虑,提倡节约型消费;强调人类作为自然界的组成部分,有责任和义务实现自然万物的平等共生;主张消费品回收利用,重复使用等原则。中国古人思想文化理念与现代的绿色消费理念有着很大程度的价值契合,值得今人反思和借鉴。

(一)绿色消费与"天人合一"价值理念高度契合

人与自然相互依赖,协调共生并非现代人才有的价值理念,中国古人很早就阐明,并试图践行这一价值观念。中国传统文化中的"天人合一"思想形成于先秦时期,是儒道思想家对人类与自然万物关系的理解。随着时代的变迁,"天人合一"观念内涵不断延伸,儒、道先哲追求"天人合一"的境

---

① 国家发展改革委,等. 关于促进绿色消费的指导意见[EB/OL].[2016-03-02]. https://www.ndrc.gov.cn/fzggw/jgsj/hzs/sjdt/201603/t20160302_1130523.html.

界，不断修养内心精神世界，试图抑制内心对于物质占有的欲望而实现人与自然和谐共生的价值追求，这在现代绿色消费理念中得以延续。

新时代绿色消费理论是在古代儒、道"天人合一"思想的基础上，借鉴马克思关于消费和自然环境的关系而形成，是现代消费观的重要组成部分。恩格斯在《自然辩证法》中曾经说道，"我们不要过分陶醉于对自然界的胜利。对于每一次这样的胜利，自然界都报复了我们。……美索不达米亚、希腊、小亚细亚以及其他各地的居民，为了想得到耕地，把森林都砍完了，但是他们梦想不到，这些地方今天竟因此成为荒芜不毛之地"[1]。西方生态主义者也提出："从全球变暖到物种灭绝，我们消费者应对于地球的破坏承担巨大的责任。"[2] 当前，绿色发展是中国坚持的基本国策，旨在实现可持续发展，确保生态环境的清洁和健康，保障人民的生存质量。绿色消费作为绿色发展的重要组成部分，是实现绿色发展目标的重要途径。

自然环境是人类生存、发展的基础和前提。古人敏锐地认识到了自身与外部环境的关系，试图理解二者的关系，并自觉、主动去解决人类活动给自然环境带来的问题，从而调节人与自然之间的关系。绿色消费主张建设环境友好型消费方式，倡导生产、消费产品的绿色特性，节约能源，循环再生，保护生态环境，从而实现人类与自然万物的平等共生，和谐统一，与中国古人"天人合一"价值理念不谋而合。基于"天人合一"的绿色消费观承认人类满足其基本生存需要的消费合理性，重视自然环境发展的客观要求，使人类的消费活动与自然和谐相处。同时其也能自觉促进生态系统的良性循环，从而达到人的消费活动与资源环境和谐共生的目的。具体而言，个体的整个消费活动，从产品的生产、运输，到产品的使用和最后的回收处理都要考虑到对自然环境的影响。绿色效益应当作为消费活动的重要衡量指标，应当将

---

[1] 恩格斯. 自然辩证法［M］. 北京：人民出版社，2015：34.
[2] 艾伦·杜宁. 多少算够：消费社会与地球的未来［M］. 毕聿，译. 长春：吉林人民出版社，1997：6.

其作为人类整体利益的重要组成部分。我们可以说，现代绿色消费观与中国古人"天人合一"价值理念不谋而合，其人与自然万物和谐共生是二者的共同追求。

（二）绿色消费与"道法自然"拥有共同的目标

老子等道家学派先哲主张"道法自然"，认为回归自然本真是"道"之根本特征，而无为则是天地万物的常态。如何理解"无为"则是问题的关键，有一种理解认为"无为"是一种中庸、不偏不倚的状态。无论时代如何发展，社会如何进步，人或事物都应该处于一种"中庸"的状态，即所谓的"道"。绿色消费要求人与自然协调发展，实现二者的和谐共生，这就要求消费者既不能奢侈浪费，对自然环境造成不可承受的负担，也不能过度节俭，制约人类自身的健康发展。就这一视角而言，绿色消费正好体现了道家的"道法自然"，无为而无所不为。

庄子认为技术创新是"道法自然"的大敌，其使人类背离了"道"的正途，应当彻底摒弃；就连儒家学者也对技术创新怀有深深的戒心，提出奇技淫巧有害人心。对科技的排斥，一定程度上有利于自然环境的保护，有利于实现人与自然万物的和谐发展，另一方面，这也是制约中国古代经济发展和消费提升的重要因素。中国古代社会一再强调以农为本，主张重农抑商，形成了自给自足的消费格局。古代自给自足的消费倾向严重制约了工商业的发展，同时也导致古代教育评价单一，科技发展迟缓。反之，科技创新不足，大量人口被束缚于农业生产中，农民只能靠天吃饭，受制于气候和地域环境，进一步加剧了节俭的消费倾向。

到了西方工业化时代，机器大生产取代传统的手工工场，人类生产效率得到空前提升，人类的物质生活水平得到巨大改善。但是自然环境的生态承载力是有限的，蓬勃发展的工业造成了空气、水资源和土地的严重污染，人类赖以生存的环境受到前所未有的破坏。正如马克思和恩格斯在《共产党宣

第六章 审视绿色消费的异曲同工：中西文明交流互鉴的视角

言》中指出："资产阶级在它的不到一百年的阶级统治中所创造的生产力，比过去一切世代创造的全部生产力还要多，还要大……过去哪一个世纪料想到在社会劳动里蕴藏有这样的生产力呢？"[1] 从另外一个角度看，"技术的胜利，似乎是以道德的败坏为代价换来的"[2]。这似乎又印证了中国古代儒道先哲两千多年前的担心，技术确实不但让人们偏离追寻人与自然和谐发展的"正道"，还使得人心被腐化，物质的欲望难以受到遏制。在中国传统思想中，儒、道都极力将技术限制于事物本性与道德伦理的约束之下，对中国经济、消费的发展不免有所限制，但是亦有远见和启发。

基于绿色消费视角，就要对技术的"道德"属性进行讨论。在生态道德层面，对自然环境的破坏和污染无疑是"道德的败坏"。绿色消费要求生产技术促成而不是破坏人类与自然环境二者之间的和谐统一。技术对自然环境的作用应该是积极的，即技术发展不应该看作是对自然的占有、征服或侵略，也不应戕害人类的心灵。事实上，绿色技术是绿色观念在科学技术领域的实践。在现代技术造成能源危机的背景下，绿色技术是应运而生的生态替代型技术，是环境友好型的技术。绿色技术是利用尽可能少的环境成本来实现人类利益福祉的新技术，本质上它是现代技术的"绿色转向"[3]。

因此，我们要确立绿色发展理念，参与和促进绿色消费，与自然环境共生共荣，改进生产生活方式，提高生态承载力，以实现经济增量和环境保护、生态保持的平衡。

(三) 绿色消费与"仁人爱物"理念的融合

"仁人爱物"包括两方面内容，首先要实现"仁人"，人类个体间要平等，做到不同个体间的平等、公平消费。古代儒家长期推崇礼制，主张尊贵

---

[1] 马克思恩格斯文集 [M]. 北京：人民出版社，2009：36.
[2] 马克思恩格斯文集 [M]. 北京：人民出版社，2009：580.
[3] 孙越. 从绿色的观念到观念的绿色：浅析绿色技术的理论构成与实践转向 [J]. 自然辩证法研究，2012 (9)：82-87.

长幼贫富有序，形成了等级消费观念。不同阶层在住宅样式、车马服饰、食物种类等方面都存在巨大差异，不能逾越。在孔子等儒家学者看来，社会要由礼制而不是经济条件决定消费的层次，要求个体的消费行为和消费方式要符合自己的地位和身份。等级消费是由古代有限的物质条件以及落后的生产力决定的，古代先贤为了平衡个体无限的欲望与有限的自然资源之间的矛盾，平慰社会心理，维系社会有序稳定，而不得不违背自己所提倡的"仁人爱物"理念。

在现代社会，绿色消费既要杜绝个体的等级消费，又要强调其他形式的公平消费。保护自然环境必须强调公平消费，具体包括代内公平消费和代际消费公平。代内公平消费强调任何国家与地区的消费都不能损害其他国家和地区的利益，即在国家范围内，地区利益需要服从国家利益；在国际范围内，国家利益要服从全球利益。代际公平消费对当代人提出的要求是：自觉承担起不同代际之间合理分配和消费资源的责任，既满足当代人的需求，同时不危害满足后代人需要。[1]

"爱物"在古代多表现为古人对自然万物的恻隐敬畏，不可竭泽而渔。绿色消费是一种超越自我的高层次消费，是具有生态意识的理性消费方式。在绿色消费视角下，消费者要破除人类中心主义，不能仅从是否有利于自身经济利益角度来考虑其他物种的价值，还要站在可持续发展的角度审视自己的消费行为；消费者应当尊重每一个物种的个体生命和保护自然环境系统，应该认识到包括人类及其他生物和自然环境是一个系统，每个生命体都是其存在与发展的组成部分，都有生存的权利，本质上其并无高低贵贱之分。"生命的每种形式都是独特的，不管它对人类的价值如何，都应当受到尊重，为使其他生物得到这种尊重，人类的行为必须受到道德原则的支配"[2]。大自然中的每个生命体的地位都是平等的，都有权享受地球及自然环境系统的资

---

[1] 刘妙桃. 绿色消费的生态伦理意蕴 [J]. 中共山西省直机关党校学报, 2009（2）：14-15.
[2] 阿尔贝特·施韦泽. 敬畏生命 [M]. 陈泽环, 译. 上海：上海人民出版社, 2006：33.

源，有权选择自身的生存和发展方式，任何生物包括人类都无法干预和剥夺。

在绿色消费价值体系之下，人类要尊重每一个物种的生命和保护整体自然环境系统，促进地球自然环境系统的平衡和可持续发展。人类并非地球生态系统的"统治者"，而是其中的一员，要主动承担起保护地球生命系统的责任和义务。在日常生活中，绿色消费者要将自己的消费需求和欲望控制在合理范围内，对消费结构、数量和品类进行合理管控，节约能源，减少环境污染和破坏，选购绿色产品和可重复利用的消费品，对废弃物品进行分类回收。避免消费者为了满足自身欲望，对自然资源环境无限索取，导致整个地球生态系统的破坏，且难以修复。

在绿色消费引导下，由于绿色消费需求的增加，将促使生产企业管理者更新观念，引发生产领域变革。最终实现人类从自然界获取必要物质资源时，在生产和使用中不会对生态系统造成破坏性影响。消费后这些产品将以无害的方式回到自然界，被分解和吸收，成为自然界的养分。之后再次被人类利用，从而形成人与自然的良性互动。

（四）"去奢崇俭"包含绿色消费元素

中国古人的"去奢崇俭"主张节俭，避免浪费，是基于中国古代物质相对匮乏，生产力不足的背景而提出的，有其合理性。"去奢崇俭"要求克制个体物质欲望，有适度消费、合理消费和循环消费的内涵，包含了绿色消费的诸多因素，具有一定的进步意义。

第一，"去奢崇俭"包含适度与合理消费的理念。

适度消费和合理消费的目标是实现人与自然的和谐相处，与儒家的中庸价值观契合。其反对个体放纵自己的物质欲望，是知足价值观的表现形式。适度消费和合理消费指消费者在满足自身生存和发展基本需求前提下，将自身消费需求控制在合理"度"的范围，不超过自然环境承载能力，避免对生态环境造成破坏和负担；要适合个人经济的承受能力，并要符合居住地区生产力发展水平，坚持"量入为出，略有节余"的原则；避免消费对自身身心健康和个人发展造成损害，实现个人消费的可持续发展。

适度消费是针对"异化消费"造成生态危机的消费反思，合理消费是一种可持续消费方式，二者具有一致性。马尔库塞将需要分为"真实"和"虚假"，认为"现行的大多数需要，诸如休息、娱乐、按广告宣传来处事和消费、爱和恨别人之爱和恨，都属于虚假的需要这一范畴之列"[①]。过度与不合理的消费就是对虚假需求的满足，是没有意义的。适度消费与合理消费都是绿色消费的组成部分，可以避免过度消费带来的浪费，抵制奢侈消费，占用他人资源，从而有损平等消费原则。当然，适度与合理消费也并非要求过度节约，抑制个体的健康成长和个性发展，进而破坏地区经济发展。

第二，"去奢崇俭"符合循环消费的价值理念。

"循环消费"指商品可以通过空间和时间的转换，进行多次消费和反复消费，彻底做到物尽其用。"循环消费"可以延长产品的使用生命，包含有"节约"的思维。中国古人受制于落后的生产力，以温饱作为消费的基本遵循，以禁欲和节用作为消费的主要特点，被迫接受"循环消费"理念。现代"循环消费"试图实现人与自然的和谐统一，以最小的污染和废弃物排放量换取最大的经济利益，避免生产、废弃产品带来的生态负担，努力实现消费品的"再生"。"循环消费"包含对自然资源的节约，与中国古人"去奢崇俭"的价值契合。

第三，"去奢崇俭"与绿色消费价值契合。

古人的"去奢崇俭"要求消费者克制自身的物质欲望，从而实现人与自然和谐统一。中国古人已经认识到自然资源的有限性和人类欲望的无限性，将消费赋予道德价值，把对物质的过度欲望看作是贪婪和奢侈的根源，因此

---

① 赫伯特·马尔库塞. 单向度的人：发达工业社会意识形态研究 [M]. 刘继，译. 上海：上海译文出版社，1989：24.

第六章 审视绿色消费的异曲同工：中西文明交流互鉴的视角

要求控制欲望，重视财富的积聚，具有一定合理性。

"去奢崇俭"与追求节约、环保的思想一致。在生产和消费环节，古人和绿色消费者都要求环境友好，节约资源。过度的需求不断刺激消费，不但令生态环境难以承受其重，也使得人类的内心变得浮躁、焦虑和仇恨。艾伦·杜宁指出："迎合全球消费者社会的经济学对于人类共同的地球资源遭受损害应负最大份额的责任。"① 过度消费带来了对矿物燃料的依赖，对森林、土壤和水资源造成污染，从而导致全球暖化和生物多样性的丧失。艾伦·杜宁还强调过度消费对人类内心的影响，认为"人类和自然王国互相联结的命运维系在我们——消费者身上……降低我们的消费不会使我们丧失真正重要的物品和服务。相反，最有意义和最令人兴奋的生活活动常常也是环境美德的典范"②。

正如老子所言："五色令人目盲；五音令人耳聋；五味令人口爽；驰骋畋猎，令人心发狂；难得之货，令人行妨。是以圣人为腹不为目，故去彼取此。"纷繁的物质世界让人享受口舌声色之欲，无尽的欲望蒙蔽了人类的内心，反而阻碍了正"道"的追寻，因此老子建议："虚其心，实其腹；弱其志，强其骨。"③ 要求在满足个体基本生理需求下，追求内心的空明虚寂。儒家同样主张以节俭充实精神生活的价值追求，孔子赞扬弟子颜回以清贫为乐，言："一箪食，一瓢饮，在陋巷，人不堪其忧，（颜）回也不改其乐"。面对物质的清贫，古人不断开拓精神世界，寻找内心的安宁，追求"饭疏食饮水，曲肱而枕之，乐亦在其中矣"④。中国古人"知足常乐"价值旨趣与近代西方"浮士德精神""资本主义精神"等价值体系形成反差，反而与绿色消费不谋而合。

---

①② 艾伦·杜宁. 多少算够：消费社会与地球的未来［M］. 毕聿，译. 长春：吉林人民出版社，1997：102.
③ 陈鼓应. 老子今注今译［M］. 北京：商务印书馆，2003：118-86.
④ 刘宝楠. 论语正义［M］. 北京：中华书局，1990：226-227.

另一方面，当前中国消费形势面临一些挑战，我们应该充分认识到古人的"去奢崇俭"的弊端，不宜过度提倡，否则就走向禁欲消费，反而不利于宏观经济的发展。

早在先秦时期，中国就形成了"成由勤俭，破由奢"的观念，将节俭作为传统美德，《尚书》有言"克勤于邦，克俭于家"[①]。上至天子，下到庶人，崇俭戒奢，蔚然成风。加之农业立国，地域广大，自然灾害难以避免，不定期的外敌入侵和战乱，更加剧了中国人的传统忧患意识，于是愈加注重储积。

"去奢崇俭"不断强化农业的重要性，认为手工业和商业是末业，形成了重农抑商的浓厚氛围。重农抑商背景下"去奢崇俭"又进一步制约了扩大消费，于是形成了中国古代自给自足的消费特点。到了明清时期，当西方国家已经迈入工业时代，进入资本主义发展时期，中国依然延续单一农业为主体，附带手工业和小商品经济，以个体家庭为单位，自我生产、小范围交换和消费，这样一种消费格局既制约了生产规模的扩大，也阻碍了技术创新和发展，严重制约了传统经济的发展。

第二节 "消费主义"肆虐中西方"后知后觉"的绿色消费

西方到了近代以后，伴随资本主义经济的迅猛发展，出现了消费主义倾向。西方民众物质生活提升的同时，工业发展也导致人与自然的矛盾日益尖锐，出现了生态危机。在这种背景下，西方环保意识逐渐增强，出现了绿色运动，产生了绿色消费价值理念。西方国家绿色消费思想的萌发、发展和实践，为我们提供了有益借鉴。

---

① 尚书[M].慕平，译注.北京：中华书局，2009：52.

第六章 | 审视绿色消费的异曲同工：中西文明交流互鉴的视角

一、西方绿色消费思想观念的形成

（一）西方消费行为及观念的演变

一般认为，西方的主流消费观形成于希腊古典时期，但一直可以追溯到爱琴海的米诺斯-迈锡尼文明时期。从考古发掘来看，公元前21世纪到公元前12世纪爱琴海的岛屿和沿岸地区曾产生灿烂的文明，经济、文化繁荣。统治者和富裕阶层消费极为奢侈。

公元前9世纪，随着迈锡尼文明的衰落和多利安人在伯罗奔尼撒半岛、克里特岛、罗德岛的扩张，希腊文明进入了古典时代。古希腊的消费观念主要受斯巴达的影响，拒绝极端贫困和富裕，要求民众坚持简朴的生活方式，不准佩戴珠宝，穿着精美服饰，也不纵容奢侈享受。古希腊哲学家坚持灵魂之德行要高于身体感官之享受，认为奢侈会带来懒散和柔弱，主张理性要战胜欲望，提倡节制和等级化的消费理念。亚历山大大帝死后至希腊本土并入罗马帝国的希腊化时代，城邦国家市民重视物质享受，消费极度奢侈。

古罗马时代，对地中海世界征服所带来的经济繁荣为罗马提供了消遣的时间，希腊文化则为其带来了消遣的方式。历史学家韦莱乌斯·帕太古鲁斯认为，"西庇阿·阿非利加为罗马人的权威开辟了道路，西庇阿·阿梅里亚努斯则为奢侈之风开辟了道路"[1]。这一时期，罗马人的日常生活消费占据主体地位。祭祀消费则成为日常消费的重要组成部分。

罗马帝国末期，经济已经衰败，西罗马帝国迅速陷入分裂。欧洲进入黑暗时代。由于生活奢侈被认为是帝国衰亡的祸首，因此基督教教会利用民众

---

[1] 约翰·巴克勒，贝内特·希尔，约翰·麦凯. 西方社会史 [M]. 霍文利，等译. 南宁：广西师范大学出版社，2006：215.

的苦难，宣扬禁欲主义。奥古斯丁在《上帝之城》中宣扬原罪，主张通过禁欲、斋戒、忏悔和出家修行等方式才能摆脱人世间的罪恶和苦难。基督教教会甚至反对世俗的财富和消费，谴责民众对财富的追逐，力图消除人内心的贪婪以及谋利的理由，也要抑制过度的消费。

根据学者考证，英文词汇"consume"的含义历经演变。早期用法带有负面意义，有"摧毁、耗尽、浪费、用尽"的意思；一直到18世纪中叶才具有中性意义，出现在资产阶级政治、经济概念中；到了20世纪中叶，才具有现代广泛的意义①。由此可见，伴随着工业化的发展，西方资本主义国家的消费逐渐由克制转为"奢侈"。由于受基督教禁欲主义影响，其长期伴有道德的不安，到了现代才被完全接受。

16世纪晚期到19世纪上半叶，贵族和资产阶级消费日益奢侈，但是这一时期仍处于资本主义原始积累时期，清教精神和古典经济学家仍倡导节制消费，承认积累财富的重要性。世界大航海时代带来商业贸易的发展，欧洲市场逐渐繁荣。尤其是18世纪工业革命的推动，食品、香料、毛纺织等产业的发展促进了欧洲日常消费的发展。伊丽莎白一世以宫廷的豪华消费标榜统治的权威，发挥了示范效应。贵族和商人在消费上竞争、攀比，追求物质享受，热衷奢侈品和时尚。

19世纪后半期到20世纪60年代，即第二次工业革命时期，资本主义高速发展，大众消费兴起，现代意义的消费观念正式形成。工业取代农业，成为主导产业，于是传统社区的居民变成了消费者。现代消费者认为物质消费是正当的，而不再带有负罪感，为了实现个人物质的享受，追求精致和感官的愉悦。户外活动和公共生活也成为重要的消费方式。

20世纪60年代之后伴随着广告、电视、信用卡、超市、购物中心等新式营销手段的出现，消费彻底改变了人们的生活方式。销售分析家维克特·

---

① 詹姆斯·韦斯福耳·汤普逊.中世纪晚期欧洲经济社会史[M].徐家玲，等译.北京：商务印书馆，1992：11.

勒博宣称,"我们庞大而多产的经济……要求我们使消费成为我们的生活方式,要求我们把购买和使用货物变成宗教意识,要求我们从中寻找我们的精神满足和自我满足……我们需要消费东西并用前所未有的速度去烧掉、穿坏、更换或扔掉"[1]。毫无道德负担地将过度消费看成理所当然的背景之下,西方社会由"生产"为主导向"消费"为中心转化。资本主义消费文化不断扩张,逐渐由区域向全球化转变。

(二)西方绿色观念的渊源及萌发

中国儒家、道家等认为人与自然合二为一,"道"就是实现二者融合的方式,并将这一观念融入生活的众多方面,包括消费观中,对中国文化影响深远。作为西方价值体系基础的犹太-基督教,聚焦于人与上帝、人与人之间的关系,而认为大自然是根据人的需要而存在的。在《圣经》中,上帝创造了天地万物以及人类,但是人类是按照上帝的形象创造的,其地位高于其他一切生命形式;人是作为大自然万物的主人身份出现的,拥有统治和掠夺自然的权利。这就形成了人类中心主义的文化底色,导致了人与自然的对立和冲突。在此基础上近代哲学家笛卡尔提出了人与自然截然分离的"二元论",成为欧洲思想的主流倾向,进一步强化了基督教的这种价值观[2]。

在古典时代"人类中心主义"下孕育的动物保护理念中诞生了"仁慈主义",将道德关怀的对象由人类扩展到了动物,成为西方绿色发展观念的一大源头。希腊、罗马的传统观念将动物作为自然法的主体,且认为动物是自然的组成部分。在亚里士多德看来:"植物的存在是为了给动物提供食物,而动物的存在是为了给人提供食物……由于大自然不可能毫无用处地创造任

---

[1] 艾伦·杜宁,多少算够:消费社会与地球的未来[M]. 毕聿,译. 长春:吉林人民出版社,1997:5.
[2] 杨玉珍. 绿色文化的理论渊源及当代体系建构[J]. 河南师范大学学报(哲学社会科学版),2018,45(6):64-69.

何事物，因此所有的动物肯定都是大自然为了人类而创造的"①。基督教继承了这一观点，认为自然和动物都是上帝为了给人类提供衣食来源而创造的。因为人类更接近上帝，较为完美；其他动植物与物体则与上帝关系疏远，完美程度次之。中世纪的法庭要对夺走人性命的动物进行审判，为人类重新考虑人与自然的关系提供了启发。

到了近代，动物的权利受到人们的关注。1641年作为英国殖民地马萨诸塞的一位律师说服地方当局制定了一项法律，认为人类对动物及非人类存在物负有责任，且有让它们定期休养生息的义务。该法律得到州议会的批准，进而推广到了殖民地各州。该法还要求对人类有用的动物，例如用于拉车和耕种的牛等牲畜，"人不得行使专制或酷刑"。此时，倡导"二元论"的笛卡尔认为非人类的动物没有语言、思维和意识，不能进行精神交流，只具有物质属性，是"自然的机器"。当我们折磨动物的时候，它们只是表现得很痛苦，但并不能感受到痛苦。② 1693年，英国思想家约翰·洛克对笛卡尔的观点进行了质疑，认为动物可以感受到痛苦，且折磨动物在道德上是错误的，要善待"所有活着的动物"。因为对动物的残酷虐待和杀害可能潜移默化地使得某些个体对人类也变得凶残。这种朴素的"仁慈主义"逐渐发展成动物权利保护。

1768年约翰·布鲁克纳在《关于动物的哲学思考》一书中对英国在美洲新大陆的扩张表示担忧，认为殖民扩张可能导致物种受到伤害和灭绝。1789年英国杰罗米·边沁在《道德与立法之原理》一书中明确地把道德关怀施加到动物身上，认为动物可以感受到痛苦和快乐，因此这是人类行为正确与否的标准。边沁呼吁关注黑奴的生存状态，停止对动物的残酷对待，认为"最大幸福原则"推导出"最不道德的行为就是带来最大痛苦的行为"，主张用道德地位和法律保护的"披风"为"所有能呼吸的动物遮挡

---

① 亚里士多德. 政治学[M]. 北京：商务印书馆，2006：23.
② 段燕. 他者再定义：人与动物关系的转变[N]. 中国社会科学报，2023-01-17（A2）.

风雨"。亨利·赛尔特在 1892 年出版的《动物权利与社会进步》认为,动物也拥有像人类一样的生存权和自由权等天赋的权利,因此应该消除人与动物之间的鸿沟,将其纳入人类的民主范畴之中,并倡导为了人类的发展而去展开动物解放运动。爱德华·伊文斯认为将人类与大自然割裂进而孤立起来的倾向在理论及实践上都是错误的。麦克基将资源保护运动与美国追求自由结合起来,认为这是美国革命的进一步升华。奥尔多·利奥波德在 1949 年提出"大地伦理",主张人类应该转变自身固有的角色,从自然的改造者转变为自然的组成者及参与者;动物权利进一步拓展成为所有生物和大自然的权利。

西方绿色发展观念的另一源头是基于万物有灵论对人与自然关系的重新审视。古希腊时期流行一种有机且有灵的自然观,人们普遍认为自然界"不仅是活的,而且是有理智的;不仅是一个自身有灵魂或生命的巨大动物,而且是一个自身有心灵的理性动物"[①]。人类发展早期,外物被人为赋予生命的意识。正如牛津大学教授泰勒基于人类学视角,在 1871 年阐述了西方世界自原始社会以来对自然界的泛灵论观点,"每一块土地、每一座山岳、每一面峭壁、每一条河流、每一条小溪、每一眼泉水,每一棵树木以及世上的一切,其中都容有特殊的精灵。"泰勒认为万物有灵论源于古人对人类自身生命现象的思考,在推导出人的灵魂观念后,很自然地就将其赋予自然界中的万物。但是到了中世纪,人类在万物中的价值日益凸显,导致很多思想家对人的主体不断强化,而忽视了人与自然之间的和谐、共生关系。

自近代卢梭开始,启蒙主义重新审视人与自然的关系,他曾说道:"见过苦难愈多的动物,对那些受苦的动物愈有切身之感",呼吁人类"重返自然"。卢梭认为:"在宇宙中,每一个存在都可以在某一方面被看作是所有一切其他存在的共同中心,它们排列在它的周围,以便彼此互为目的和手

---

① 柯林武德. 自然的观念[M]. 吴国盛,译. 北京:北京大学出版社,2006:4.

段。"① 卢梭主张人与自然和谐平等，要求重新审视自然本体观，类似于古老神秘主义与自然融为一体的自然观，即自然皆有灵魂。卢梭、雨果等浪漫主义者的宗教观都接近"泛神论"，认为人与自然互相通灵、交融。英国诗人柯尔律治的"我渗入大地、海洋和空气，以强烈的爱拥有天下万物"诗句广为传诵，华兹华斯以自然的协调统一论和万物有灵论对抗工业时代甚嚣尘上的机械论，二人对人类与自然的关系以浪漫的形式进行反思。德国诗人谢林、歌德、席勒等浪漫派核心人物尝试形成对自然与人新的认知方式和观念，正如歌德指出："事物生长的一定时期……有别于其他事物的独特性格就会完全展现出来"，"要达到这种性格的完全发展，还需要一个事物的各部门构造都符合它的自然定性"。② 这一观念一直贯穿其对自然整体性与局部性的自然研究之中，是其有机论思想的重要内容。

德国哲学家莱布尼茨否定了笛卡尔"二元论"中对生物和非生物的划分方式，认为二者是密不可分、互相联系的。荷兰思想家斯宾诺莎作为泛神论者，认为动物、植物、无生命物等所有存在物或客体都是上帝创造的，本源同一，在共同体概念上是没有边界的。《瓦尔登湖》的作者美国学者梭罗是一位自然主义者，他认为地球拥有某种有机、流变的精神，而不是僵死的或无活力的状态。阿尔弗雷德·诺斯·怀特海捍卫有神论，提倡机体哲学，提出宇宙中任何客体间都相互影响、相互交织。阿尔贝特·施韦泽提出"敬畏一切生命"，把伦理的范围扩展到一切动物和植物，主张对人类及生物的生命都要保持敬畏之心。

需要指出的是，马克思和恩格斯在批判资本主义生产方式的过程中睿智地认识到人类对自然的支配与征服最终会遭致报复。马克思认为："人本身是由自然界产生的，并依赖于自然界得以生存，是生活在自然界中并与自然

---

① 罗曼·罗兰. 卢梭的生平与著作 [M]. 王子野，译. 上海：三联书店，1996：41.
② 爱克曼. 歌德谈话录 [M]. 朱光潜，译. 北京：人民文学出版社，2008：10.

界共同发展起来的"[①]。马克思和恩格斯认为自然、人、社会三者是相互联系、相互制约、协调发展，并且是不可分割的整体；强调人的自然属性和社会属性；认为人类只有尊重自然，与自然和谐相处，人类文明才能永续发展。

（三）工业化背景下绿色消费观念的形成

绿色观念是在西方工业化的浓密黑烟中萌发的，生态危机促进了人类的觉醒和反思。16、17世纪以来，随着工业革命在欧洲的迅速推进，人类社会发生了翻天覆地的变化，工业化促进了科技的进步，科技促进了生产的发展，生产提供了更多、质量更好的产品，人类的生活条件得以改善，但其消费的欲望不断提升。

消费欲望被满足的代价是高昂的，资源、能源被大量的开采换来了废气、污水、烟尘和严重的浪费。这种情况一直持续了几个世纪，直到对生态平衡造成区域性的影响和破坏。20世纪50~80年代，世界各地出现了类似马斯河谷事件、多诺拉烟雾事件、伦敦烟雾事件、洛杉矶光化学烟雾事件等严重的环境污染问题。人类赖以生存的自然环境遭到破坏，唤醒了西方国家的环保意识，人们开始从实践层面反思与自然相处的方式。

绿色观念的核心是人与自然的关系，源于西方生态危机而产生的对西方生态理论的批判性反思。1958年，美国女海洋生物学家卡森的《寂静的春天》分析了化学杀虫剂对海洋、河流、土壤、植被、动物等的毒害，用大量触目惊心的案例和数据发起对人类肆意控制自然、滥用工业产品的质问和控诉，向全世界敲响了生态危机的警钟，引发了影响深远的环保运动。这一时期，生态意识、生态伦理以前所未有的广度和深度在公众和学者中得到讨论，人们开始反思人类中心主义和消费主义的思维方式和行为方式。

[①] 马克思恩格斯文集：第9卷［M］. 北京：人民出版社，2009.

从 20 世纪 60 年代开始,以西欧为发源地的绿色政党和绿色运动迅速兴起。他们宣扬绿色价值观,主张以绿色价值取代传统价值理念,让绿色渗透到人们生活的方方面面。[①] 从狭义来说,绿色文化是以绿色植物,如森林和花卉等为对象,满足人类物质文化需要的一种文化形式。广义上的绿色文化是从根源上认识人与自然关系,主张二者协调共处,实现社会经济的可持续发展。同时绿色文化也外化为绿色生产、绿色消费、绿色生活、绿色技术、绿色交往等,形成了各国当前绿色发展的基本政策。

1987 年,英国学者埃尔金顿(Elkington)和黑尔斯(Hailes)对绿色消费进行了定义,即绿色消费不应该危害自身和他人健康,不应该造成严重资源浪费,不应包装过度或生命期太短,不应使用稀有动植物或自然资源,不应含有对动物的残酷对待或不必要的剥夺,不应该对其他国家,尤其是发展中国家造成不利影响。1992 年在巴西里约热内卢召开联合国环境与发展大会制定的《二十一世纪议程》明确提出,"所有国家均应全力促进建立可持续的消费形态",标志着绿色消费理念得到世界主流的认可和响应。

"绿色消费"概念被提出前后,还有所谓"适度消费""可持续消费""生态消费""低碳消费"等类似概念。这些概念从不同角度试图解决工业时代消费所产生的问题,但均存在某些不足。绿色消费经过不断演变,在国际上形成了"5R"原则,即节约资源、减少污染(reduce);绿色生活、环保选购(revaluate);重复使用、多次利用(reuse);分类回收、循环再生(recycle);保护自然、万物共存(rescue)。绿色消费概念提出后,其内涵和外延得到不断拓展和丰富,但是其有别于传统的消费模式,具有明显的系统性特征。绿色消费的典型特征是追求资源与能源耗费最小化原则,是一种经济型消费;生产和消费过程中产生的废弃物和污染物最少化原则,是一种清洁型消费;消费品生产和消费过程中不会对消费者、他人健康和环境生

[①] 孙越. 从绿色的观念到观念的绿色:浅析绿色技术的理论构成与实践转向[J]. 自然辩证法研究,2012(9):82-87.

态造成安全性的负面影响，是一种安全型消费；消费不会危及人类后代子孙基本生活需求，是一种可持续的消费。[①]

二、西方绿色消费的实践及启示

西方国家由于较早受到环境恶化的影响，进而通过反思人与自然的可持续发展，萌生了一系列的绿色运动。在这种背景下，德国、日本等西方国家在明确个人、企业和国家三者权利和义务的基础上，利用文化反思、宣传教育、法制建设以及经济手段等推动了绿色消费的兴起。

（一）西方绿色消费的实践

首先，对绿色消费进行政策支持，构建实施绿色消费的法律法规。政府是绿色消费的政策制定者和推动者，也是绿色消费的积极参与者。一些国家政府以其强大的财力作为支撑，通过绿色采购，有目的有计划地拉动绿色消费，从而引导企业的绿色发展和个人的消费倾向。美国、德国、日本等均有绿色采购政策的出台。例如，日本制定了《绿色资源购买法》，以法律形式为政府绿色采购提供了依据。政府通过其强大的购买力，优先与绿色环保企业签订采购合同，从而引导企业的绿色化转型。构建全方位、多层级的法律法规体系是保障绿色消费的重要条件。目前，一些国家已经制定了完善的环境保护法，从生产、运输、消费等整个过程，从企业到个人等各个环节，都形成了完善的法律、法规，为绿色消费的实施创造了良好的法律环境。1972年德国就制定了《废弃物处理法》，美国则在1976年制定了《固体废弃物处置法》。日本的绿色法律较为完善，包括《促进建立循环社会基本法》等，为绿色消费构建了法律基础；《促进资源有效利用法》《固定废弃物管理和公

---

① 司林胜. 对中国消费者绿色消费观念和行为的实证研究［J］. 消费经济，2002（5）：39-42.

共清洁法》等综合性法律，以及《建筑及材料回收法》《促进容器与包装分类回收法》《绿色采购法》《食品回收法》《家用电器回收法》等较为具体的法律法规，从消费主体、对象和过程环节等方面，为绿色消费创造了法律条件。德国是最早提出循环经济的国家，也重视与绿色消费相关的法律建设。2016年，德国制定了《德国国家可持续消费计划》，对产品生命全周期贯彻绿色消费理念，要求产品符合质量标准，贴有环保标志，其生产和报废处理也必须符合环保要求。欧盟进行绿色认证，设立生态标志。还对绿色包装有严格规定，要求符合节约能源，易于回收再生，并不对环境造成污染，推出了包装和包装废弃物指令、生态设计指令、生态标签、环境认证（ISO14000）系列标准等。[1]

其次，加强激励是实施绿色消费的有效措施。消费是一种经济活动，通过经济奖惩来引导绿色消费是一种较好的方式。经济处罚往往是通过税收方式实现，生态税是最常见模式。丹麦在回收垃圾时，通过按类和量的方式收取费用，未进行垃圾分类收费较高，并根据垃圾处理方式收取不同的税率；按照统一的垃圾容器，按照数量收取费用。为了引导企业生产绿色产品，政府也对其进行适当补贴。20世纪90年代以来，日本政府就一直对生产绿色产品的中小企业进行财政补贴，帮助其进行技术研发。从2009年开始，日本还推出了环保积分制度，涉及节能家电、公害防治、减量化、再循环等各个方面，积分可以换购指定产品或服务。2021年，日本还推出绿色积分制度和绿色住宅积分制度，对于减少食物浪费，购买符合环保条件住宅的消费者给予积分奖励。2023年1月，美国发布了《交通部门脱碳蓝图》，计划建立公平、健康、完善的交通体系，鼓励使用高效的客运、货运模式，提高运输效率和燃油经济性，投资清洁技术研发，增加充电桩等，从而减少交通领域的温室气体排放。

---

[1] 高晓燕，张欣一. 国内绿色消费现状、挑战与国际经验借鉴［J］. 环境保护，2024，52（16）：49-52.

最后，加强宣传教育是促进绿色消费的重要保障。"消费主义"追求无节制、奢侈的物质享受，将高消费作为生活的唯一目的和人生价值所在。消费主义与绿色消费理念相悖，将人与自然，物质与精神消费置于冲突之下。因此消费主义是绿色消费的最大敌人，绿色消费也是化解消费主义的最好途径。正如法国学者安德烈·高兹提倡的"更少的生产，更好的生活"，与绿色消费价值观相符合。事实上，幸福与否和占有消费品的数量和质量并不相关，绿色消费带来的健康、节俭和人与自然的和谐才是真正的幸福所在。①

要促进绿色消费，对消费者进行宣传教育是必要的。许多国家利用传媒对民众进行绿色宣传教育，改变其消费观念。一些国家将环保理念、绿色可持续发展等写入中小学课本，改变青少年的消费习惯和价值理念。日本在2023年发起全国性的"创造全民脱碳的可持续生活方式"环保运动，推动实现低碳、零碳绿色生活方式。宣传方式有媒体、门户网站、社交平台和公共讲座等，并通过实践让民众切实感受多样化的低碳消费生活，从而宣传绿色消费的生活理念，鼓励社会各界参与脱碳活动。另外，政府还出台税收优惠措施，鼓励企业技术创新和产业升级，从而生产更多质量更好的、符合市场需求的绿色产品。北欧芬兰多年来也推广绿色消费，鼓励提升衣服、电子产品等耐用品的保质期，降低耐用品的更换频率，提倡"能修不换"和鼓励二手物品交易的消费习惯。②

（二）国际经验对中国发展绿色消费的启示

当前，中国开始大力倡导绿色消费，推动绿色低碳生产和生活方式，既可以实现经济发展方式的绿色转型，也是实现民众美好生活的重要途径。近年来，绿色消费在推动产业绿色结构升级、激发消费潜力等方面发挥了重要

---

① 李罕.高兹"更少的生产，更好的生活"论析［J］.黑河学院学报，2016，7（4）：158-165.
② 高晓燕，张欣一.国内绿色消费现状、挑战与国际经验借鉴［J］.环境保护，2024，52（16）：49-52.

作用，但是也有一些不足和困难。西方国家发展绿色消费的措施和方式，为中国进一步推动绿色消费提供了借鉴和启示。

第一，处理好绿色消费和扩大消费之间的关系。政府要利用采购和政策扶持等手段，改变传统消费结构和习惯，进一步扩大高质量消费。在稳定和扩大传统消费的同时，要充分发挥绿色消费的牵引作用，以绿色消费助力产业发展，形成绿色低碳生活，不断培育新的消费增长点。由于中国的经济体制优势，政府在推动绿色消费中具有很大的优势和潜能。政府要增强绿色消费的政策制度保障，通过减税和财政补贴等方式，完善绿色消费的政策和机制，完善绿色消费的基础设施，为绿色消费增质扩容。政府要进一步完善绿色采购制度，加大绿色产品采购的力度和规模，解决采购落实不到位，采购潜力无法发挥的问题。通过上述方式，可以刺激企业的绿色转型，拉动内需，带动就业，促进国家的绿色发展和循环经济。正如《中共中央 国务院关于加快经济社会发展全面绿色转型的意见》所指出："优化政府绿色采购政策，拓展绿色产品采购范围和规模，适时将碳足迹要求纳入政府采购。引导企业执行绿色采购指南，鼓励有条件的企业建立绿色供应链，带动上下游企业协同转型。支持有条件的地区通过发放消费券、绿色积分等途径，鼓励企业采取'以旧换新'等方式，引导消费者购买绿色产品"。

同时，国家要健全国家、企业、个人在绿色消费各个环节的法律法规。在国家层面，要制定支持绿色消费的根本性法律，进一步将法律体系层级化和系统化。在企业方面，要加强对企业绿色生产的法律监督，促使企业减少生产过程中的资源消耗和污染，鼓励企业进行绿色技术创新和研发，提升生产工艺。对于个人，要用法律形式减少消费中的浪费和污染，制定产品的绿色报废处理方式。

第二，完善相关政策，健全绿色消费激励机制。尽快完善支持绿色消费的财税、投资、价格政策和标准体系，构建适合绿色消费发展的良好政策环境。需加快废旧物质循环利用体系建设，深入推进废旧家用电器、电子产品、汽车、钢铁、有色金属循环利用，开展以旧换新和旧物回收服务，持续扩大节能节水产品、新能源汽车等绿色产品及相关服务的消费规模。鼓励企业提高科技创新水平，加快绿色健康产品的研发，以提高技术、能耗、排放等标准为牵引，开展多样化、个性化业务，以扩大优质产品和服务的供给规模。完善绿色税制，有效降低绿色产品的生产成本。完善绿色消费激励约束政策，通过制定消费补贴政策，鼓励消费者购买绿色产品，积极推动产供销、上下游、线上线下叠加配套优惠政策，激发市场活力。开展新能源汽车和绿色智能家电、节水器具、节能灶具、绿色建材下乡活动，加强配套设施建设和售后服务保障。鼓励开发面向消费端的绿色金融产品，降低绿色消费成本。完善公共服务体系，实现公共生活设施和福利设施的绿色化，增加对污染治理和生态环境保护方面的公共投资，提升绿色消费水平，形成全社会倡导绿色消费的良好风尚。①

第三，倡导绿色文化，多种途径加大对绿色消费的宣传教育力度。中国要借鉴国外经验，将绿色消费理念提升为一种社会文化形态，通过学校、网络、电视媒体、公众号等多种方式使人们树立绿色消费理念，使之认识到绿色消费的重要性和意义。可以借鉴日本的绿色消费的积分返点制度，如购买节能家电、环保装修材料等，并提供相应的积分奖励。借鉴芬兰模式，提升耐用品的质保期，减少重复购买次数，进而降低制造商的能源消耗。同时鼓励"以旧换新"，以减少废弃物的产生和新资源的开采与消耗。正如《中共中央 国务院关于加快经济社会发展全面绿色转型的意见》中指出："大力倡导简约适度、绿色低碳、文明健康的生活理念和消费方式，将绿色理念和节约要求融入市民公约、村规民约、学生守则、团体章程等社会规范，增强全民节约意识、环保意识、生态意识。开展绿色低碳全民行动，引导公众节约用水用电、反对铺张浪费、推广'光盘行动'、抵制过度包装、减少一次性用品使用，引导公众优先选择公共交通、步行、自行车等绿色出行方式，广

---

① 包晓斌. 健全激励机制扩大绿色消费［EB/OL］.［2024-08-07］. http：//m.ce.cn/ttt/202408/07/t20240807_39095703.shtml.

泛开展爱国卫生运动,推动解决噪声、油烟、恶臭等群众身边的环境问题,形成崇尚生态文明的社会氛围"。

绿色发展作为"新发展理念"之一,由绿色经济、绿色社会、绿色政治、绿色文化等构成。绿色消费是绿色经济的组成部分,绿色文化则是绿色消费的渊源[1]。中西方因地理环境、自然条件、文化传统和历史机遇等诸多因素的差异,在绿色消费发展过程中有着不同的理论和实践逻辑,但是殊途同归,必将交融互鉴。

中国先哲早在先秦时代就从内心深处唤起了人与自然和谐统一的价值理念,就是所谓"万物齐一",进而对古人消费观念产生了影响,产生了"去奢崇俭、知足节制"的消费理念。尽管中国古人传统思想和消费理念与今人的绿色消费价值上多有契合,但是受制于中国古代生产力的落后和儒家固有等级思维,二者仍有巨大差距。只有到了生产力及技术高度发达的今天,中国的古代思想文化价值才与绿色消费理念交融绽放。西方在漫长的中世纪,消费受到基督教禁欲主义的严重禁锢。资本主义工业革命的迅猛发展,促进了消费的发展,但也产生了严重的环境问题。在这种背景下,西方学者不得不思考人与自然的关系,但是直到数百年后才产生与中国古人价值趋同的绿色观念。两种地跨大洲,相距千年的价值观出现了碰撞,因此"人与自然关系的问题,或者自然——生命关系问题。而这次,人类显现出高度的一致性,与人类处在命运共同体的同一叙事框架中有关"[2]。

到了今天,中西方就绿色发展及绿色消费再次达成共识,两种思维和文化再次碰撞和合流,产生了巨大的技术成果和生产力,并在"人类命运共同体"的价值理念下实现回响合鸣。

---

[1] 谷树忠,谢美娥,张新华.绿色发展:新理念与新措施[J].环境保护,2016,44(12):13-15.
[2] 王鑫."万物齐一"与"万物有灵且美":跨文化传播的"自然-生命"审美互文与叙事理路[J].跨文化传播研究,2024(1):21-38.

第七章
通向美好生活的绿色路径

绿色作为大自然的底色，表征了人与自然和谐关系的复归。自农业社会进阶到工业社会以来，财富的激增、物质的充裕、文明的进步、生活质量的提高都彰显了工业的强大生命力，但伴随而来的还有环境的污染、资源的衰竭、频发的自然灾害、严峻的生态危害事件，这不得不让人们从工业触发蓬勃生产力的喜悦中清醒过来，反思人类生存和发展的可持续问题。绿色消费正是在此背景下应运而生，向我们展示出迈向美好生活的可能路径。然而当绿色消费概念被人们肆意谈论或频繁使用时，有时却指向不同的问题，甚至在不同的语境之下构建出不同的理论预设和解释框架，究竟应该如何理解绿色消费呢？

第一节　关于绿色消费的共识与歧义

随着环境问题日益严峻以及人类对美好生活的向往，绿色消费逐渐受到社会各界的重视。然而，在绿色消费理念推广和实践过程中，出现了诸多认识误区。这些误区不仅影响了消费者的判断，还可能阻碍绿色消费的健康发展，因此要深入了解绿色消费的实质，才能帮助公众走出认识误区，从而推动绿色消费的实践展开。

一、从无到有的绿色消费

在文本意义上，英国学者埃尔金顿（Elkington）和黑尔斯（Hailes）最早提出绿色消费这一概念。他们在《绿色消费者指南》一书中从消费对象的角度来界定绿色消费，认为绿色消费就是避免使用以下6种产品的消费：危害消费者和他人健康的商品；因过度包装、超过商品有效期或过短的生命周期而造成不必要消费的商品；在生产、使用和丢弃时，造成大量资源消耗的商品；含有对动物残酷或剥夺而生产的商品；使用出自稀有动物或自然资源的商品；对其他发展中国家有不利影响的商品。[1] 这一概念较现在而言可能略显粗糙和狭隘，却由此引发了对"绿色消费"的研究热潮。联合国环境发展大会上通过的《里约宣言》和《21世纪议程》中明确提出，"加强了解消费的作用和如何形成可持续的消费方式"，这是对绿色消费内涵的丰富，同时也在全球范围内发出号召，呼吁摒弃传统的消费方式，追求新型的消费方式。由此，绿色消费的这一全新的认知和理念逐渐被更多

---

[1] 刘思华. 绿色消费[M]. 北京：中国环境出版社，2016：5.

的人所接受，对传统的、粗放式的消费模式形成了一定的冲击。

2001年中国消费者协会从消费选择、过程及观念的角度阐释了绿色消费的三重含义：一是在消费时选择未被污染或有助于公众健康的绿色产品；二是在消费过程中注意对垃圾的处理，防治环境污染；三是在消费观念上崇尚节能环保与可持续消费。尹世杰认为，绿色消费是人类生态环境协调发展的重要内容，它不仅是反映人们的消费质量，更是反映社会文明、社会文化的一种消费方式。绿色消费是消费观念、消费方式乃至生存方式的革命，反映了人与自然协调发展的新的价值观和消费观。[1] 李文英等认为绿色消费是指消费者从保护身体健康、保护生态环境、承担社会责任的角度出发，在消费过程中减少资源浪费和防治污染而采用的一种理性消费方式。[2] 岳洪竹的研究认为，绿色消费指人们的一切消费活动，即消费者的行为方式、方法、行为过程及变化等都受生态意识的支配。[3] 2022年，国家发展改革委等多部门发布的《促进绿色消费实施方案》将绿色消费进一步定义为"各类消费主体在消费活动全过程贯彻绿色低碳理念的消费行为"。

综上所述，虽然不同学者或组织试图从不同角度给予绿色消费一个最具有包容性、权威性的定义，但目前为止学术界尚未形成统一的共识，对绿色消费的定义依然存在着大量的重复性、类似性、交叉性的表述，譬如保护环境、节约资源、可持续性发展等，这使得很多人在理解"绿色消费"这一内涵时存在一定的难度和障碍。后面将结合中国发展中的一些新战略、新理念，探索其在生态文明、"双碳"目标、新质生产力等不同语境下的具体指向，以期在比较中建立起对绿色消费的多维理论延伸空间。

---

[1] 尹世杰. 关于绿色消费一些值得研究的问题 [J]. 消费经济，2001 (6)：3-7.
[2] 李文英，王国红，武春友. 我国发展绿色消费的障碍及对策研究 [J]. 辽宁师范大学学报，2004 (1)：31-34.
[3] 岳洪竹. 关于绿色消费的分析 [J]. 中外企业家，2010 (4)：37.

二、似是而非的绿色消费

（一）将绿色消费与消费绿色视为同等概念

出于对人类中心主义的反思与批判，有些观点将绿色消费同天然产品联系起来，认为只有吃天然的食物、穿天然的衣物、用天然的物品、住天然的房屋才是绿色消费，进而将绿色消费当作个人身份的象征、个人健康的体现、个人价值的提升，盲目地、不加节制地消费"绿色"，进而从绿色消费走向了绿色消费的反面。哪怕付出高额的费用、造成绿色产品的无端消耗，这样的消费只是考虑了个人自身的方便与利益，而有意或无意地忽略了自身消费对周围他人和环境的影响，这样的行为并不是真正意义上的绿色消费。从这个案例中，我们可以得到启示，绿色消费不仅反映个人与自然界之间的物质关系，而且还离不开个体与人类类存在之间的关系。

绿色消费的真实含义应该是保护"绿色"并非消费"绿色"，即在消费活动中，人们应该考虑到自己的消费行为是否会对环境产生负面影响，并自觉地在满足基本需要外尽量减少这种影响，并且在所有的消费环节中主动实施有利于保护生态、保护自然的行为。

（二）将绿色消费曲解为不消费或极度节俭

在社交媒体上，"零消费""断舍离"等概念被过度包装，许多人将绿色消费简单等同于不消费或极度节俭。这种认知偏差的形成源于多重因素。消费主义与环保主义的对立叙事使人们陷入非此即彼的思维困境，认为包括消费在内的一切经济活动必然要以牺牲环境为代价。部分商家为迎合市场而进行的片面营销也加剧了人们的认知混乱，尤其是鼓吹不适宜人们生活习惯的极简主义，强调断舍离才是生活的真谛，这导致大量的资源在这些观念的裹挟下被遗弃。另外，勤俭节约本是中华民族的传统美德，但是在传承的过程中也遭遇了僵化和固化的认知，如食用过期变质的食品等。这些对绿色消费的曲解认知在实践中产生了严重后果：譬如某地推行"无包装日"活动，要求商家停止使用一切包装材料，结果导致食品污染率上升，反而造成更大浪费；还有一些品牌过度强调"极简生活"，导致其绿色产品因价格过高而无人问津，最终退出市场；过度的节俭还会造成一些人产生健康问题和心理问题，让广大群体无法真正地享受经济发展带来的生活质量提升。

绿色消费的本质是通过科学消费实现资源优化配置，可这样的认知偏差不仅曲解了绿色消费的本质，更阻碍了可持续发展理念的传播与实践。纠正这种认知偏差需要全社会的共同努力，政府应完善绿色消费标准体系，企业要开发真正环保的产品和服务，媒体则要客观传播绿色消费理念。只有当绿色消费回归其本质，成为一种可持续的生活方式时，我们才能真正推动生态文明建设，实现经济发展与环境保护的双赢。

（三）商家蓄意炒作"绿色"以迎合消费者的偏好

在当前的消费市场中，"绿色"已成为一个热门标签，许多商家利用消费者对环保和健康的关注，蓄意炒作"绿色"概念以迎合消费者偏好。这种现象主要表现为过度包装和虚假宣传。一些企业为了吸引消费者，在产品包装上大做文章，使用大量环保标志和绿色元素，甚至不惜采用过度包装的方式，这与绿色消费的初衷背道而驰。此外，部分商家在产品宣传中夸大或虚构环保特性，实质上从生产到消费环节并未达到"健康、环保、无污染"的标准，只是钻了消费者没有相关专业知识的漏洞，提供给消费者一些假冒伪劣的绿色产品，严重损害了消费者的权益以及绿色消费的公信力。

这种炒作行为不仅误导消费者，还可能产生劣币驱逐良币效应。真正致力于环保和可持续发展的企业可能因为成本较高而失去竞争优势，而那些仅靠"绿色"标签吸引眼球的企业却可能获得更多市场份额。这种现象长期存在，将严重阻碍绿色消费市场的健康发展，削弱消费者对绿色产品的信任度，从而不利于形成绿色消费引领绿色生产的良性循环。

(四) 借助绿色消费构筑绿色壁垒

部分国家或企业利用绿色消费理念，构筑了一道绿色贸易壁垒，以保护本国产业或获取竞争优势。个别发达国家往往凭借其先发优势和技术优势，制定一系列远高于国际平均水平的环保标准和认证要求，使得发展中国家的产品难以进入其市场，从而保护其本国产业，垄断消费市场，这种做法不仅违背了绿色消费的初衷，还加剧了国际贸易的不平等。

绿色壁垒对发展中国家的影响尤为显著。许多发展中国家由于技术和资金限制，难以在短期内达到发达国家设定的环保标准，导致其产品在国际市场上失去竞争力。这不仅阻碍了发展中国家的经济发展，还可能加剧全球经济发展的不平衡。此外，绿色壁垒也可能导致资源的浪费，因为一些符合标准但使用寿命较短的产品可能被提前淘汰，这与绿色消费的可持续理念实际上是相悖的。

绿色消费的初衷和目的并非是引起市场的激烈厮杀，让一些国家以此为借口压制其他国家的对外贸易，而是促进全人类朝着更健康、更文明、更持续的方向更好地发展。发达国家建立起来的甚至是引以为傲的绿色壁垒，虽然在短期内达到了保护本国产品的目的，但长此以往，绿色消费的发展和推广会大受限制，全球发展的不平衡会日益凸显，这对全人类发展的全面性、公平性和持久性来说无疑是更大的挑战。对于其本国内部而言，失去了良性竞争的刺激，势必会产生绿色市场的垄断和萎缩，这极有可能引发新一轮绿色经济危机。

(五) 将绿色消费引入绿色耗费的歧途

在绿色消费实践中，还存在着将绿色消费引入绿色耗费歧途的现象。这主要表现为过度追求"绿色"而忽视实际需要和资源浪费。一些消费者盲目追求所谓的绿色产品，以使用最新潮、最绿色、价格高昂的产品作为身份和地位的象征，频繁更换尚可使用的物品，从而造成资源的浪费。例如，为了追求最新款的节能家电，提前淘汰仍能正常使用的旧家电；还有一次性塑料购物袋和餐具在各地都有限制措施，但其替代品却是大量的一次性纸盒、纸吸管、纸袋子、竹木篮子，这是否在一定程度上引致了树木的消费？更有甚者，为了追求纯天然产品，不惜花费重金购买，以彰显纯天然、爱环保的人设，这种风潮反而使大量的珍贵树木等成为了工业线上的热门原料，这些行为实际上恰恰违背了绿色消费的节约和适度原则，打着绿色的名义进行大量无端的耗费。

过度消费和资源浪费不仅抵消了绿色消费的积极意义，还可能对环境造成更大的压力。频繁更换产品意味着更多的资源开采、能源消耗和废弃物产生，这与绿色消费的初衷背道而驰。此外，这种现象还可能导致消费者对绿色消费理念产生误解，认为绿色消费就是不断购买新的环保产品，而忽视了减少消费、重复使用等更为重要的原则。

第二节 生态文明与绿色消费

随着全球性生态危机的爆发，人们逐渐意识到人类的实践活动已然要超出自然的承载力，经济学者、环境学者、生态学者等均对这一危机进行了深刻反思，着眼于全球经济的可持续发展以及人类健康福祉，提出了一系列绿色救赎方案。将绿色经济纳入生态文明的基本框架中，不仅成为了社会由工业文明向生态文明转变的一个标志，更为打破经济与生态的二元对立叙事逻辑，实现二者协调发展提供了全新思路。

一、以绿色经济为表征的生态文明是对以褐色经济为表征的工业文明的超越

中国科学院研究员牛文元曾在其主编的《2016 世界可持续发展年度报告》中指出,"GDP 质量是实现世界可持续发展的'发动机',而生态文明建设就是此'发动机'的润滑油。"知名学者诸大建对生态文明的定义是"用较少的自然消耗获得较大的社会福利"。[①] 中国共产党始终坚守以人民为中心的发展理念,高度重视环境保护并将"生态文明建设"纳入中国特色社会主义的"五位一体"总体布局之中。在党的十七大提出"建设生态文明"的基础上,党的十八大进一步确立了社会主义生态文明的创新理论,构建了建设社会主义生态文明的宏伟蓝图。会上明确提出"努力建设美丽中国"是社会主义生态文明建设的战略目标,即建设美丽中国首先要建设绿色中国,其中心环节就是走出一条生态文明绿色经济发展道路,构建绿色经济形态和发展模式。党的十九大报告中再次把生态文明建设提到"中华民族永续发展的千年大计"的政治高度上。一方面,生态文明的提出是对传统经济发展模式的一次变革,为破解经济增长与生态问题二元对立紧张态势提供了理论启示和现实路径。既将经济增长与资源消耗、环境污染脱钩,同时,又打破 GDP 增长是增加社会福利、民生福祉唯一出路的认知茧房,带有生态文明属性的绿色经济发展为我们开辟了一条新的发展道路,引领中国式现代化走向经济高效发展、环境优美舒适、生活优质美好、社会公平和谐的生态文明时代。另一方面,"中国大力推进生态文明建设更是彰显了中国作为世界第二大经济体对环境问题的强烈责任感和勇于担当的实践精神,更重要的是它为全球生

[①] 诸大建. 生态文明与绿色发展 [M]. 上海:上海人民出版社,2008:85.

态文明建设提供可资借鉴的中国模式"[①]，中国已率先拉开超越工业文明的社会主义生态文明的绿色序幕，以"中国智慧""中国情怀""中国速度"引领全人类朝着生态文明绿色发展的方向迈进。

在以往的理论研究中，绿色经济被自然地被纳入环境经济学的范畴，如有学者提出："绿色经济是指以环境保护为基础的经济，主要表现在：一是以治理污染和改善生态为特征的环保产业的兴起，二是因环境保护而引起的工业和农业生产方式的变革，从而带动了绿色产业的勃发。"[②] 在这里，可以清楚地看到是借用绿色经济这一名来诠释环境经济之实，简单狭隘地把绿色经济纳入环境经济的基本框架中，仅把它当作研究环境经济的一个分支，从而遮蔽了绿色经济的真实面目和深厚意义，将其框定在环境经济的框架中进行研究最多只能缓解环境危机，但因跳脱不出工业文明的运转逻辑，无法从根本上解决生态环境问题，也就谈不上生态经济的可持续发展。

要想把绿色经济从环境经济学的理论框架中解放出来，揭开绿色经济的真实面目，就要将其重新进行解构，以生态经济学新范式来回应绿色经济议题，将其纳入生态文明的体系当中以重塑其意义和价值，其核心要义就在于明晰绿色经济的文明属性。

当我们把绿色经济纳入环境经济学理论框架中时，就意味着在文明属性上自动将其归类为工业文明的经济范畴。环境经济学是工业文明时代产物，旨在通过各种方法调整、修复及缓解人与自然间尖锐的对立关系。该学科一定意义上是"先污染后治理"经济发展模式的衍生理论或学术表达。自绿色经济概念提出以来，国内外主流观点都是将绿色经济视为一种能够克服工业文明中褐色经济弊端的新经济模式。然而，从本质上讲，这种工业文明经济范畴内的绿色经济观念，仍然基于人与自然对立的文明观，将人与自然二元

[①] 董玲. 生态文明何以可能？：基于消费伦理学的解释[J]. 凯里学院学报，2019，37（1）：7-11.

[②] 曲格平. 中国的环境与发展[M]. 北京：中国环境科学出版社，1992.

对立化，视自然为人类的客体和附庸。因此，它无法从根本上消除工业文明及其褐色经济的反生态和反人性特征，忽视了绿色经济作为生态经济协调发展核心内容的重要性，以及其超越工业文明、构建生态文明生态经济的本质属性，这导致了对绿色经济作为生态文明和生态经济形态价值的否定。因此，以工业文明经济范式来框定绿色经济议题，是难以摆脱褐色经济的发展路径，最多只能缓解局部自然环境的恶化，无法解决当今人类面临的生态经济社会全面危机。因此，我们必须重新审视绿色经济，将其本质回归到生态文明的属性当中，从生态文明、生态经济的视野去挖掘绿色经济对褐色经济的超越性价值，更要认识到现在已经处在由工业文明向更高阶的生态文明转变的关键时期，我们要尽快构建起与生态文明相适应的绿色经济形态和绿色经济发展模式。这既包含了对工业文明下褐色经济发展模式的理论超越，更是生态文明语境下绿色经济发展的实践指向。

二、生态文明语境下绿色消费的双重价值

（一）"消费神话"的破壁者：绿色消费促成经济增长与环境保护共赢局面

中国工业化高歌猛进的阶段，消费与投资、出口共同构成了促进经济增长的"三驾马车"。在市场经济的作用下，蓬勃的消费能力一定程度上成就了中国的发展奇迹，但随之而来的还有人与自然之间的矛盾愈演愈烈，经济发展的代价就是大量资源的消耗，空气、水源、土地等污染以及生态环境的恶化。

美国学者杜宁在批判消费社会的生态危机时把"消费的神话"概括为"不消费就衰退"的神话。[①] 这里的"不消费就衰退"集中体现了经济主义的

---

① 艾伦·杜宁. 多少算够：消费社会与地球的未来 [M]. 毕聿, 译. 长春：吉林人民出版社, 1997.

价值追求，在只有不断消费才能创造经济增长的现实面前，人们被规训、被引导甚至是被蒙蔽，认为经济社会的根本目的就在于人们敢于消费、舍得消费。"消费越多，生活越美好"，使消费者在物质充裕的基础上获得了消费的自由，但又让其不自觉地陷入到新的消费陷阱之中。工业文明的价值体系给商品赋予了很多特殊的内涵和意义，"使消费摆脱了传统社会节俭美德或量入为出原则的道德约束，成功实现了对人们消费行为的操纵。这种被'操纵'或非自主的消费意味着，人们在物质充裕的现代社会里虽然不必为生活资料的短缺或生产资料的匮乏而忧虑，但却要为现实生活中'不得不这样消费'的价值准则而困惑不安"。如果我们执意在工业文明的体系架构中，在褐色经济发展的资本逻辑中去打破"消费神话"，这显然是无济于事的。因此，我们要跳脱出这个思维定势，向更高阶的生态文明转变，才能让消费的自主权真正地掌握在消费者的手中，才能消解经济增长与环境资源消耗之间的必然性。

习近平总书记在2018年全国生态环境保护大会上提出了生态文明建设的"六条原则"。其中，"绿水青山就是金山银山"原则强调，以生态经济体系推动现代生产方式和生活方式的变革。这里蕴含了经济发展与环境保护要齐头并进的发展思路，在二者冲突的情况下应以"绿水青山"为优先级。在生态文明的语境下搭建生态经济体系，即绿色经济发展模式，以此来推动现代发展方式和生活方式的变革。这其中的关键就是发挥绿色消费的作用，让绿色消费以破壁者的姿态打破"消费神话"的藩篱，既要使人们意识到真正的消费应服务于人，满足人的需要、诉诸人的理性，将人作为最终的目的，还要在绿色经济发展模式中以绿色消费带动绿色生产，以实现经济发展与环境保护的双赢局面。

（二）从"消费人"到"生态人"：绿色消费重构现代人的生存方式

在当代消费社会中，"消费人"现象日益凸显。人们将自我价值与消费能力直接挂钩,通过不断购买和占有商品来确认自身存在。这种异化现象在奢侈品消费中表现得尤为明显,如一些人节衣缩食数月只为购买一个名牌包,将物品符号价值置于基本生活需要之上。法国社会学家鲍德里亚指出,现代人已经陷入"符号消费"的陷阱,消费不再是满足需要的工具,而成为了一种社会身份的象征和人生意义的寄托。这种异化状态导致人们逐渐丧失了对真实需求的判断能力,在无休止的消费循环中迷失自我,究其根本,这是工业文明经济模式下无休止的逐利本性和金本位思想在消费社会的一种现实投射。

绿色消费的兴起为这种异化状态提供了破解之道。它推动着人们从原来的"消费人"向"生态人"转变,从虚妄的消费需求中解脱出来,回归到人的主体地位,使消费再次成为达到人幸福生活的路径。这就要求消费者重新审视自身与自然、自身与社会的关系,将消费行为建立在生态责任和可持续发展之上。德国哲学家尤尔根·哈贝马斯认为,绿色消费代表着一种新的交往理性,它打破了工具理性对消费行为的支配,使消费回归到满足真实需求的本质。在绿色消费理念下,人们开始关注产品的生产过程是否环保,使用过程是否节能,废弃后是否可降解。这种转变不仅仅是消费方式的改变,更是生存方式的革新,它体现在日常生活的方方面面。在瑞典,超过60%的家庭会主动选择带有生态标签的产品;在日本,"断舍离"生活方式的流行反映了人们对过度消费的反思;在中国,共享单车的普及展示了新型消费理念的崛起。这些现象表明,绿色消费正在重塑人们的消费观念和生活方式。

绿色消费的深层意义还在于重构人与自然的关系。现代环境危机的根源在于人类将自己置于自然之上,而绿色消费则试图重建这种断裂的关系。通过选择有机食品、使用可再生能源、参与垃圾分类等具体行动,人们重新认识到自己是生态系统的一部分。这种认知转变不仅带来了消费行为的改变,更重要的是培育了一种新的生态伦理观。

在实践层面,绿色消费正在塑造新的经济模式和社会规范。英国"循环经济"发展就是一个典型例子。通过建立完善的产品回收体系,将废弃物转化为再生资源,实现了经济效益与生态效益的统一。这种模式的成功证明,绿色消费不是对经济发展的制约,而是推动经济转型升级的重要力量。同时,绿色消费也催生了新的社会评价标准,人们开始用生态足迹而非物质消耗水平来衡量生活质量。

从"消费人"到"生态人"的转变,标志着人类文明正在迈向一个新的发展阶段,即生态文明阶段。这种转变不仅关乎环境保护,更是对人类生存方式的根本性反思。通过绿色消费,人们逐渐重拾人的本身,重新审视人与自然、人与社会的和谐关系,建立一种更加可持续的文明形态。在这个过程中,每个人都是参与者和推动者,都在用自己的选择塑造着未来。

第三节 "双碳"目标与绿色消费

在生态文明发展的实践中,中国逐步认识到可持续发展不仅要从理念上进行研究和推广,更要有切实可行的措施去落实和践行。实现碳达峰碳中和是中国应对全球气候变化、共谋生态文明建设的必由之路,也是促进可持续发展、重塑人类文明形态的一次深刻变革。"双碳"目标的实现需要借助绿色消费这一重要抓手,而绿色消费在"双碳"目标的语境下又展现出新的特征和特殊内涵。

一、"双碳"目标:一场重塑人类文明形态的深刻革命

随着全球气候变化问题日益严峻,为应对极端气候事件如"黑天鹅"和"灰犀牛"等潜在风险,联合国于2015年通过了旨在显著降低全球温室气体排放的《巴黎协定》。2020年9月,习近平主席以一个负责任大国领导人的

身份在第七十五届联合国大会郑重宣布，中国"二氧化碳排放力争于2030年前达到峰值，努力争取2060年前实现碳中和"①。这一庄严承诺体现了中国在全球气候治理中的领导作用和对构建人类命运共同体的坚定承诺，获得了国际社会的广泛赞誉。

"双碳"目标的提出，标志着人类文明发展进入了一个全新的历史阶段。这场以碳达峰、碳中和为目标导向的国家战略，绝非简单的能源结构调整或技术革新，而是一场触及人类文明根基的深刻革命。它要求我们从根本上重新审视工业文明以来形成的发展模式、价值观念和生活方式，重新构建一个全新的文明形态。在这场变革中，经济、生态、社会三个维度相互交织、相互影响，共同推动着人类文明向更高级形态演进。

（一）经济重构：从增长至上到可持续发展

传统工业文明建立在"征服自然"的理念之上，将经济增长视为最高目标。这种发展模式产生了严重的环境代价并导致社会失衡。"双碳"目标的实施，正在推动全球经济体系发生根本性变革。低碳经济不再是简单的产业替代，而是整个经济系统的重构。新能源、节能环保、绿色建筑等新兴产业快速崛起，传统产业也在经历深刻的绿色转型。据国际能源署（IEA）统计，"2024年，电动汽车领域投资7570亿美元，可再生能源领域投资7280亿美元，这两个领域均创下新纪录"②，这显示出绿色经济的强劲动力。

这场经济变革的核心还在于发展范式的转变，低碳经济、循环经济、共享经济等新模式不断涌现，推动着资源利用方式、生活方式、消费习惯等方方面面的变革。"双碳"目标导向驱动下，企业的发展理念也在与时俱进地发生改变，不再仅仅追求利润最大化，不再以经济效益作为衡量企业发展水

---

① 习近平在第七十五届联合国大会一般性辩论上发表重要讲话[N].人民日报，2020-09-23（2）.

② E Small Data.2024年全球能源转型投资增速放缓 中国占全球增长的三分之二[EB/OL].（2025-02-17）.数据来源：国际能源小数据.https://news.bjx.com.cn/html/20250217/1427261.shtml.

平的核心标准,而是将环境责任和社会责任纳入核心战略中,既要追求经济效益,更要维护社会效益,这为企业的发展注入了源源不断的生命力。经济重构还带来了新的增长机遇,绿色金融蓬勃发展,碳交易市场日益活跃,数字消费市场发展迅猛。这些变化表明,"双碳"目标不仅没有拖住中国经济发展的脚步,而且还由此开拓出新的消费市场进一步创造了新的经济增长点,未来全球的竞争格局也将被低碳经济这一生产方式所重塑。

(二)生态重构:从末端治理到系统修复

传统环境治理模式存在明显局限性,往往采取"先污染后治理"的被动应对方式,后来演进为"边污染边治理"的过程性治理方式。前者不仅成本高昂,且难以从根本上解决问题,而后者又侧重解决生态污染的增量问题,而对于存量的环境问题解决则显得捉襟见肘。在"双碳"目标的布局下,生态治理向系统化、协同化方向转变,减污降碳协同增效成为新的治理理念,强调从源头控制污染和碳排放,在减少增量的同时逐步地清除存量问题,实现了生态保护的转型升级。

"双碳"目标导向下生态治理模式的创新也体现在多个层面。从技术角度看,大数据、人工智能等新技术正在提升环境监测和治理的精准性;从机制角度看,生态补偿、环境权益交易等市场化手段不断完善;从环保理念看,共同体意识、可持续性理念、生态公平追求不断地丰富和重塑着人们的生产和生活方式,这些创新举措推动了生态治理效率和效果的显著提升,有利于生态文明的早日实现。

(三)社会重构:从利益冲突到命运与共

气候变化带来的挑战具有全球性特征,任何国家都无法独善其身,"双碳"目标的实施推动着人类社会向命运共同体迈进。在命运与共的前提下,碳公平成为了全球气候治理的核心议题之一。发达国家抢占了经济发展的先机，环境压力在其产业升级和转移的过程中已经转移到了发展中国家，就同一时空而言，发达国家的碳排放量远远低于发展中国家，但如果其以自身的碳排放量作为衡量尺度制定碳排放标准，这显然是不公平的。真正的碳公平应当基于历史责任、发展需求和现实能力，综合考虑各国的实际情况，确保全球气候治理的公正性和有效性。正如发达国家在工业化进程中积累了大量的碳排放，这些历史排放对全球气候变化产生了深远影响，因此，发达国家应当承担更多的减排责任，并为发展中国家提供资金和技术支持，帮助其实现低碳转型。而发展中国家正处于工业化、城市化的关键阶段，其碳排放量的增长在一定程度上是不可避免的，所以，应当允许发展中国家在满足基本发展需要的前提下，逐步实现减排目标，而不是"一刀切"地要求其立即大幅减排。除此之外，不同国家的经济、技术和社会条件各不相同，减排能力也存在差异，这就要求根据各国的实际情况，制定差异化的减排目标和路径，确保每个国家都能在其能力范围内为全球减排作出贡献。

在"双碳"目标的背后还蕴含着深刻的代际公平理念。当代人的发展不能以牺牲后代人的环境权益和发展空间为代价，这已成为国际社会的普遍共识，也体现了人类文明对可持续发展的深刻思考。所谓的命运共同体也已然跳脱出时空的局限，不再是一代人、几代人而是千秋万代人类延续的命运共同体。因此，许多国家在制定气候政策时，都将代际公平作为重要考量因素，中国提出的"双碳"目标正是一次勇敢探索，探索出一条兼顾当代发展与后代权益的可持续发展道路。

二、"双碳"目标导向下绿色消费的四维解读

绿色消费推动绿色低碳循环发展是实现"双碳"目标的重要举措。[1] 在

---

[1] 叶楒平."双碳"目标下促进绿色消费的理念塑造、策略选择及制度完善［J］. 学术交流，2023（11）：84-100.

"双碳"背景下,绿色消费呈现出了新的特征。一是低碳化成为核心要素。消费者不仅关注产品的质量和价格,更加关注产品的碳足迹和生命周期对环境的影响,越来越多的消费者愿意为低碳产品支付溢价,这种消费偏好的转变为低碳产品的市场拓展提供了重要动力。二是数字化赋能绿色消费。大数据、区块链等技术的应用显著提高了产品环境信息的透明度,这为消费者提供了可信的决策依据。特别是数据捕捉、智能推荐系统可以根据用户的消费习惯,推荐更环保的替代产品。三是绿色消费与循环经济深度融合。共享经济的蓬勃发展、二手交易平台的火爆流量等都在推动资源利用效率的提升,这种融合不仅减少了资源消耗,还创造了新的经济增长点。四是绿色消费的社会属性显著增强,其已成为个人表达环保态度和践行社会责任的重要方式,尤其是如今社交媒体平台的普及,进一步放大了绿色消费的示范效应,形成一定的正向社会反馈。

这些新特征表明,绿色消费正在从个体行为向系统性变革转变,为实现"双碳"目标提供了重要支撑。未来,需要进一步完善绿色消费政策体系,加强技术创新,培育绿色消费文化,以推动绿色消费的可持续发展。

从经济维度看,绿色消费催生新的经济增长点。它推动绿色技术创新,促进绿色产业发展,创造新的就业机会。同时,绿色消费还通过需求侧的变化,倒逼供给侧创新,促进产业结构优化升级,推动经济高质量发展。此外,绿色消费还有助于降低环境治理成本,提高经济发展的可持续性。

从环境维度看,绿色消费的核心在于减少资源消耗和环境污染,推动生产与消费模式的绿色转型。它倡导选择低碳、节能、可再生的产品和服务,推动生产方式的绿色转型。

从社会维度看,绿色消费不仅是环境保护和经济发展的需要,也是社会文明进步的重要标志。首先,绿色消费通过培养公众的环保意识,推动低碳、循环绿色生活方式的普及;其次,绿色消费还促进了社会公平,如绿色消费可以被纳入碳公平的评判体系当中;同样,绿色消费的倡导和普及也体现了代际公平的本质；最后，绿色消费有助于构建人与自然和谐共生的社会氛围，加强命运共同体的纽带。通过倡导绿色消费，在整个社会逐渐形成尊重自然、顺应自然、保护自然的共识，在共识的凝聚中和践行的合作中，坚定维系命运共同体的纽带。

从生态维度看，绿色消费的核心在于减少资源消耗和环境污染，推动生产与消费模式的绿色转型，这与生态治理思路相吻合。绿色消费倡导选择低碳、节能、可再生的产品和服务，减少对高能耗、高污染产品的依赖，从末端直接减少了环境污染的风险；绿色消费实际上还贯穿着生产、分配、交换和消费各个环节，使得全产业链条都控制在低碳、环保、循环的原则框架中。

第四节　新质生产力与绿色消费

习近平总书记在2024年1月中共中央政治局第十一次集体学习时强调，加快发展新质生产力，扎实推进高质量发展。同时指出，绿色发展是高质量发展的底色，新质生产力本身就是绿色生产力，必须加快发展方式绿色转型，助力碳达峰碳中和。[①] 可见，发展新质生产力是经济高质量发展的重要着力点，培育绿色理念、促进绿色消费是推动经济高质量发展的内在要求，探索新质生产力语境下绿色消费的特殊价值对于经济高质量发展有重要意义。

一、新质生产力：实现绿色经济的强大推力

作为人类社会发展和进步的最终决定力量，生产力的每一次发展通常都

[①] 习近平在中共中央政治局第十一次集体学习时强调加快发展新质生产力扎实推进高质量发展[N]. 人民日报，2024-02-02（1）.

意味着人类生活质量的提高。① 与传统生产力不同，新质生产力出现的必然性内涵于生产力由低向高的演进规律中。"褐色经济"的特点在于依赖要素投入、规模化扩大生产的粗放型增长模式，虽然满足了物质需求，却造成了生态破坏和资源过度消耗。而在生态文明建设中，绿色经济逐渐成为发展的主流模式，其核心是以要素优化和科技进步为特征的集约型增长方式。新质生产力正是随着绿色经济的实践而闪亮"出场"，反过来，又展现了其强大的绿色经济推动力。因此，想要理解新质生产力的科学内涵，就要将其置于绿色经济发展的历史逻辑中，这是新质生产力出场的时空背景。

习近平总书记将新质生产力概括为，"新质生产力是创新起主导作用，摆脱传统经济增长方式、生产力发展路径，具有高科技、高效能、高质量特征，符合新发展理念的先进生产力质态。它由技术革命性突破、生产要素创新性配置、产业深度转型升级而催生，以劳动者、劳动资料、劳动对象及其优化组合的跃升为基本内涵，以全要素生产率大幅提升为核心标志，特点是创新，关键在质优，本质是先进生产力"②。从中可以进一步把握新质生产力与传统生产力的显著区别实质上就在于"新""质"二字。"新"是指创新，即新质生产力"是实现关键性颠覆性技术突破而产生的生产力，是以新技术、新经济、新业态为主要内涵的生产力"。"质"是指优质，是强调在坚持创新驱动本质的基础上，通过关键性技术和颠覆性技术的突破为生产力发展提供更强劲的创新驱动力③。正因如此，新质生产力具有了鲜明的时代特征。它是知识经济时代的产物，以创新为第一动力，以绿色为发展底色，以智能为技术特征。新质生产力突破了传统生产力发展的资源环境约束，开创了人与自然和谐共生的新路径，这既是生产力发展的新阶段，也是人类文明进步

---

① 殷筱，房志敏. 新质生产力赋能绿色经济何以可能 [J]. 南京工业大学学报（社会科学版），2024（3）：31-41.
② 习近平在中共中央政治局第十一次集体学习时强调加快发展新质生产力扎实推进高质量发展 [N]. 人民日报，2024-02-02（1）.
③ 周文，许凌云. 论新质生产力：内涵特征与重要着力点 [J]. 改革，2023（10）：1-13.

的新标志。

在生态文明的体系中,绿色经济呈现为经济效益和环境效益双赢的经济模式,传统生产力无法达成这一目标,只有依靠绿色生产力才能推动绿色经济不断发展。习近平总书记关于"新质生产力本身就是绿色生产力"的重要论断,准确揭示了新质生产力的绿色本质,指明了新质生产力是绿色经济发展的重要依赖元素。[①] 基于此,新质生产力与绿色生产力之间的"双向奔赴"可以简要归纳为以下两个方面:

一是新质生产力与绿色生产力相互赋能。新质生产力的发展为绿色技术创新提供了新的可能,如智能电网、碳捕集技术、清洁能源等领域的突破,都得益于新质生产力的进步。同时,绿色生产力的发展需求也推动着新质生产力不断创新,形成了良性互动的发展格局。这种相互赋能的关系,正在重塑生产力发展的新范式。

二是两者协同推动可持续发展。新质生产力与绿色生产力的深度融合,为破解发展与保护的矛盾提供了新思路。通过技术创新和模式创新,实现了经济效益与生态效益的统一。这种协同效应不仅体现在生产环节,还延伸到消费、流通等各个领域,推动整个经济体系向绿色低碳转型。

二、新质生产力视域下绿色消费的功能定位

习近平总书记强调,"保护生态环境就是保护生产力、改善生态环境就是发展生产力"[②],这实际上明确了生产力与生态环境之间的辩证关系,进一步揭示了新质生产力的绿色本质,它对传统生产力的超越就蕴藏在其发展动力、发展旨向和发展前景的本质特性中。新质生产力是一种饱含生态禀赋的

---

① 殷筱,房志敏. 新质生产力赋能绿色经济何以可能[J]. 南京工业大学学报(社会科学版),2024(3):31-41.

② 习近平. 习近平谈治国理政:第一卷[M]. 北京:外文出版社,2018:209.

生产力模式,具有高科技赋能、高效能生产、高质量发展的鲜明表征,具备保护生态环境、促进人与自然和谐共生的内生特点。① 然而绿色生产力的发展必然离不开绿色消费的支撑,因此,新质生产力的本质特性必然表现在绿色消费这一现实活动当中。

（一）绿色消费激发新质生产力的发展潜力：绿色科技的创新引擎

习近平总书记指出,加快形成和发展新质生产力,需要"加快绿色科技创新和先进绿色技术推广应用"②。这意味着,绿色科技是新质生产力的重要支撑,通过开展绿色科技创新,提高现有科技的智能化、绿色化水平是新质生产力的发展动力。然而,绿色科技创新的巨大空间如何挖掘,绿色消费这一市场需求的晴雨表和动态图就成为关键所在。

首先,绿色消费是通过市场需求引导科技创新方向。"哪里有需求,哪里就有生产",而生产的前提就在于绿色科技创新技术的革新与发展。二者之间并非简单的线性关系,绿色科技创新往往通过提供解决方案、研发新的绿色消费产品来满足不断升级的绿色消费需求,两者之间的良性互动创造了源源不断的发展动力。

其次,绿色消费推动了绿色科技的跨界融合。新质生产力强调科技创新的跨界融合,而绿色消费通过多元化的消费需求,促进了不同领域绿色科技的融合。例如,绿色消费理念与信息技术的融合促进了智能家居产业的兴起；智能家居产业又通过智能化控制,实现了能源的高效利用,减少了能源浪费,推动了绿色科技的发展。

最后,绿色消费加速了绿色科技的商业化进程。绿色科技创新往往需要大量的资金投入,而绿色消费通过市场需求的拉动,加速了绿色科技的商业

---

① 韩娇柔. 新质生产力推动美丽中国建设的逻辑理路、现实梗阻与基本途径 [J]. 重庆社会科学, 2024 (9)：6-20.
② 习近平在中共中央政治局第十一次集体学习时强调加快发展新质生产力扎实推进高质量发展 [N]. 人民日报, 2024-02-02 (1).

化进程。例如,太阳能光伏技术的快速发展,正是得益于消费者对清洁能源的需求。随着太阳能发电成本的不断降低,太阳能光伏技术逐渐成为主流的能源供应方式,推动了新质生产力的发展。

(二)绿色消费回应新质生产力的发展指向:以人为本的价值重构

与褐色经济将利润率置于首位不同,绿色经济将人作为最高的价值标准,既关注当代人的发展需要,又考虑子孙后代的生存问题,倡导以高效、环保的方式开展营利活动。这就决定了,推动绿色经济发展的绿色生产力,一定是坚持以人民为中心的生产力。而绿色消费则热切回应了这一发展旨向,以其特有的方式重塑现代社会的价值体系,这种重塑不是简单的消费方式改变,而是对人本价值的重新发现与确认。在传统消费模式中,人往往被异化为消费的奴隶,被物欲所支配。而绿色消费将人重新置于价值中心,既把人作为发展的主体力量,又以满足人的真实需求为根本导向。

一方面,绿色消费将人作为赋能主体,释放人的发展潜能。在绿色消费实践中,消费者通过选择环保产品、参与垃圾分类、践行低碳生活等方式,将环保理念转化为具体行动,这种转化过程本身就是人的主体性觉醒,消费者从被动的购买者转变为主动的责任承担者,甚至开展了一次自下而上的绿色实践,人的主体价值实现了颠覆性的重生。

另一方面,绿色消费以满足人的真实需求为发展方向,重构消费的价值取向。在物质生产能力大幅跃升的今天,过度消费带来的不是幸福感的提升,而是精神空虚和生态危机。绿色消费倡导简约适度、环保健康的生活方式,引导人们从物质占有转向精神充实,这种模式的推广,有助于让人们的消费实际与真实需要之间达到高度契合。

绿色消费在新质生产力的背景下正在开启一场静悄悄的价值革命。它不再将人视为消费链条上的被动环节,而是重新确立人的主体地位,将消费行为与人的全面发展紧密结合。这种价值重构,既是对传统消费主义的超越,也是对人本价值的回归。在绿色消费的实践中，人既是推动者，也是受益者，这种双重身份的统一，正是绿色消费最深刻的价值所在。

（三）绿色消费助力新质生产力的发展前景：美好生活的尽快实现

新质生产力作为先进生产力的代表，发展新质生产力就相当于抓住了解决社会主要矛盾的"牛鼻子"，这是人民群众实现美好生活的历史路径。同新质生产力一样，绿色消费也不仅仅体现了一种经济效益，在它身上还叠加着一层生态效益。其中，"经济效益指向人的物质文化需要，生态效益指向人的优美生态环境需要，经济和生态的双重效益决定了这一经济活动以实现人的美好生活为前景目标"[①]。

人们对美好生活的愿景中还包含着对公平与正义的一贯追求。在生产环节，绿色消费推动全球市场建立公平的供应链体系，通过自主选择经过公平贸易认证的产品，消费者能够支持到真正的绿色产品的生产者，确保他们的合法权益得到保障。这种消费选择直接促进了全球产业链的利益公平分配；在消费环节，绿色消费打破了传统消费模式中的资源垄断，通过推广共享经济、二手交易等绿色消费方式，让更多社会群体能够以可负担的方式获得优质商品和服务。这种普惠性消费模式，有效缓解了资源分配不均带来的社会矛盾；在环境权益方面，绿色消费维护了代际公平，通过减少资源浪费、降低污染排放，当代人在满足自身需求的同时，也为后代保留了发展空间。这种对环境负责的消费理念，体现了对全人类共同利益的尊重。

绿色消费正在以其特有的方式助力新质生产力的发展，附加在其身上的双重效益也在实践中得以实现双向互动，人们对譬如公平、正义、自由、健康、友爱、和谐等美好生活的向往，最终都会在绿色消费的深化发展中，在新质生产力的不断革新中逐步实现。

---

① 殷筱，房志敏.新质生产力赋能绿色经济何以可能［J］.南京工业大学学报（社会科学版），2024（3）：36.

参考文献

[1] 马克思. 1844年经济学哲学手稿 [M]. 北京：人民出版社，2018.

[2] 马克思. 资本论：第一卷 [M]. 北京：人民出版社，2009.

[3] 马克思. 资本论：第三卷 [M]. 北京：人民出版社，2004.

[4] 恩格斯. 反杜林论 [M]. 北京：人民出版社，2018.

[5] 恩格斯. 自然辩证法 [M]. 北京：人民出版社，2015.

[6] 马克思恩格斯选集：第1卷 [M]. 北京：人民出版社，2012.

[7] 马克思恩格斯文集：第1卷 [M]. 北京：人民出版社，2009.

[8] 马克思恩格斯文集：第2卷 [M]. 北京：人民出版社，2009.

[9] 马克思恩格斯文集：第5卷 [M]. 北京：人民出版社，2009.

[10] 马克思恩格斯文集：第6卷 [M]. 北京：人民出版社，2009.

[11] 马克思恩格斯文集：第7卷 [M]. 北京：人民出版社，2009.

[12] 马克思恩格斯文集：第8卷 [M]. 北京：人民出版社，2009.

[13] 马克思恩格斯文集：第9卷 [M]. 北京：人民出版社，2009.

[14] 马克思恩格斯全集：第30卷 [M]. 北京：人民出版社，1995.

[15] 马克思恩格斯全集：第31卷 [M]. 北京：人民出版社，2009.

[16] 马克思恩格斯全集：第35卷 [M]. 北京：人民出版社，2003.

[17] 马克思恩格斯全集：第 43 卷 [M]．北京：人民出版社，2016.

[18] 马克思恩格斯全集：第 46 卷 [M]．北京：人民出版社，2012.

[19] 毛泽东选集：第 1 卷 [M]．北京：人民出版社，1991.

[20] 毛泽东选集：第 2 卷 [M]．北京：人民出版社，1991.

[21] 毛泽东选集：第 3 卷 [M]．北京：人民出版社，1991.

[22] 毛泽东选集：第 4 卷 [M]．北京：人民出版社，1991.

[23] 毛泽东文集：第 2 卷 [M]．北京：人民出版社，1993.

[24] 毛泽东文集：第 4 卷 [M]．北京：人民出版社，1996.

[25] 毛泽东文集：第 5 卷 [M]．北京：人民出版社，1996.

[26] 毛泽东文集：第 6 卷 [M]．北京：人民出版社，1999.

[27] 毛泽东文集：第 7 卷 [M]．北京：人民出版社，1999.

[28] 毛泽东文集：第 8 卷 [M]．北京：人民出版社，1999.

[29] 中共中央党史和文献研究院．建国以来毛泽东文稿：第 13 册 [M]．北京：中央文献出版社，2023.

[30] 中共中央党史和文献研究院．建国以来毛泽东文稿：第 14 册 [M]．北京：中央文献出版社，2023.

[31] 习近平．习近平谈治国理政：第一卷 [M]．2 版．北京：外文出版社，2018.

[32] 习近平．习近平谈治国理政：第二卷 [M]．北京：外文出版社，2017.

[33] 习近平．习近平谈治国理政：第三卷 [M]．北京：外文出版社，2020.

[34] 习近平．习近平谈治国理政：第四卷 [M]．北京：外文出版社，2022.

[35] 习近平．当前经济工作的几个重大问题 [J]．求是，2023（4）.

[36] 习近平．高举中国特色社会主义伟大旗帜 为全面建设社会主义现

代化国家而团结奋斗：在中国共产党第二十次全国代表大会上的报告［N］.人民日报，2022-10-26（1）.

［37］习近平.关于《中共中央关于制定国民经济和社会发展第十四个五年规划和二〇三五年远景目标的建议》的说明［N］.人民日报，2020-11-04（2）.

［38］习近平.谋求持久发展共筑亚太梦想［N］.人民日报，2014-11-10（2）.

［39］确保全面建设社会主义现代化国家开好局：习近平在省部级主要领导干部学习贯彻党的十九届五中全会精神专题研讨班开班式上发表重要讲话［J］.经济导刊，2021（1）.

［40］习近平在参加江苏代表团审议时强调牢牢把握高质量发展这个首要任务［J］.中国新闻发布（实务版），2023（3）.

［41］习近平在参加青海代表团审议时强调坚定不移走高质量发展之路坚定不移增进民生福祉［J］.思想政治工作研究，2021（3）.

［42］习近平在十三届全国人大一次会议闭幕会上发表重要讲话始终要把人民放在心中最高的位置［J］.上海人大月刊，2018（3）.

［43］习近平在中共中央政治局第二次集体学习时强调加快构建新发展格局增强发展的安全性主动权［J］.中国人大，2023（3）.

［44］习近平在中共中央政治局第十一次集体学习时强调加快发展新质生产力扎实推进高质量发展［N］.人民日报，2024-02-02（1）.

［45］习近平在中共中央政治局第五次集体学习时强调深刻感悟和把握马克思主义真理力量谱写新时代中国特色社会主义新篇章［J］.思想政治工作研究，2018（6）.

［46］习近平主持召开中央财经委员会第十次会议强调在高质量发展中促进共同富裕统筹做好重大金融风险防范化解工作［N］.人民日报，2021-08-18（1）.

[47] 习近平著作选读：第二卷［M］. 北京：人民出版社，2023.

[48] 习近平. 在中法建交五十周年纪念大会上的讲话［N］. 人民日报，2014-03-29（2）.

[49] 在中共中央政治局第二次集体学习时强调加快构建新发展格局增强发展的安全性主动权［J］. 中国人大，2023，(3).

[50] 中共中央关于党的百年奋斗重大成就和历史经验的决议［N］. 人民日报，2021-11-17（1）.

[51] 中共中央关于制定国民经济和社会发展第十四个五年规划和二〇三五年远景目标的建议［N］. 人民日报，2020-11-04（1）.

[52] 中共中央党史和文献研究院. 习近平关于网络强国论述摘编［M］. 北京：中央文献出版社，2021.

[53] 中共中央党校（国家行政学院）. 习近平新时代中国特色社会主义思想基本问题［M］. 北京：人民出版社，中共中央党校出版社，2020.

[54] 中共中央 国务院关于加快经济社会发展全面绿色转型的意见［N］. 人民日报，2024-08-12（1）.

[55] 中共中央文献研究室. 十八大以来重要文献选编（上）［M］. 北京：中央文献出版社，2014.

[56] 中共中央宣传部. 习近平新时代中国特色社会主义思想学习纲要［M］. 北京：学习出版社、人民出版社，2019.

[57] 王先谦. 荀子集解［M］. 北京：中华书局，1988.

[58] 朱熹. 四书章句集注［M］. 北京：中华书局，1983.

[59] 陈鼓应. 庄子今注今译［M］. 北京：中华书局，2003.

[60] 陈鼓应. 老子今注今译［M］. 北京：商务印书馆，2003.

[61] 程颢，程颐. 二程集［M］. 王孝鱼，点校. 北京：中华书局，1981.

[62] 郭庆藩. 庄子集释［M］. 王孝鱼，点校. 北京：中华书局，2004.

［63］周易［M］．郭彧，译注．北京：中华书局，2006．

［64］论语［M］．北京：中华书局，2012．

［65］孟子［M］．北京：中华书局，2010．

［66］墨子［M］．北京：中华书局，2011．

［67］荀子［M］．北京：中华书局，2011．

［68］苏舆．春秋繁露义证［M］．钟哲，点校．北京：中华书局，1992．

［69］朱熹．朱子全书（23册）［M］．上海：上海古籍出版社，2002．

［70］石峻，等．中国佛教思想资料选编：第1卷［M］．北京：中华书局，1981．

［71］陈剑．从意识形态到道德法：齐泽克社会批评理论研究［M］．广州：暨南大学出版社，2019．

［72］陈晋．毛泽东阅读史［M］．北京：生活·读书·新知三联书店，2014．

［73］杜维明．存有的连续性：中国人的自然观［C］//儒学与生态．南京：江苏教育出版社，2008．

［74］蓝江．一般数据、虚体与数字资本：历史唯物主义视域下的数字资本主义批判［M］．南京：江苏人民出版社，2022．

［75］刘宝楠．论语正义［M］．北京：中华书局，1990．

［76］刘建军，陈周旺，汪仕凯．政治逻辑：当代中国社会主义政治学［M］．上海：上海人民出版社，2022．

［77］刘思华．绿色消费［M］．北京：中国环境出版社，2016．

［78］刘学谦，杨多贵，周志强．可持续发展前沿问题研究［M］．北京：科学出版社，2010．

［79］卢嘉瑞，吕志敏．消费教育［M］．北京：人民出版社，2005．

［80］吕思勉．隋唐五代史（下册）［M］．上海：上海古籍出版社，1984．

［81］庞立生．历史唯物主义与精神生活研究［M］．北京：人民出版社，2020．

［82］仰海峰．符号之镜：早期鲍德里亚思想的文本学解读［M］．北京：北京师范大学出版社，2018．

［83］张一兵．文本的深度耕犁：后马克思思潮哲学文本解读［M］．北京：中国人民大学出版社，2008．

［84］诸大建．生态文明与绿色发展［M］．上海：上海人民出版社，2008．

［85］笛卡尔．动物是机器［C］//Armstrong S J，Botzler R G．环境伦理学：分歧与共识．1993．

［86］爱克曼．歌德谈话录［M］．朱光潜，译．北京：人民文学出版社，2008．

［87］哈特穆特·罗萨．新异化的诞生：社会加速批判理论大纲［M］．郑作彧，译．上海：上海人民出版社，2018．

［88］韩炳哲．精神政治学［M］．关玉红，译．北京：中信出版社，2019．

［89］维尔纳·桑巴特．奢侈与资本主义［M］．王燕平，侯小河，译．上海：上海人民出版社，2005．

［90］阿尔贝特·施韦泽．敬畏生命［M］．陈泽环，译．上海：上海人民出版社，2006．

［91］安东尼·加卢佐．制造消费者：消费主义全球史［M］．马雅，译．广州：广东人民出版社，2022．

［92］鲁尔·瓦纳格姆．日常生活的革命［M］．王也频，张新穆，戴秋霞，译．南京：南京大学出版社，2008．

［93］罗曼·罗兰．卢梭的生平与著作［M］．王子野，译．上海：三联书店，1996．

[94] 让·鲍德里亚. 消费社会 [M]. 刘成富, 全志钢, 译. 南京: 南京大学出版社, 2014.

[95] 萨伊. 政治经济学概论 [M]. 陈福生, 陈振骅, 译. 北京: 商务印书馆, 1963.

[96] 尚·布希亚. 物体系 [M]. 林志明, 译. 上海: 上海人民出版社, 2001.

[97] 亚里士多德. 政治学 [M]. 吴寿彭, 译. 北京: 商务印书馆, 2006.

[98] 埃里希·弗洛姆. 生命之爱 [M]. 罗原, 译. 北京: 工人出版社, 1988.

[99] 埃里希·弗罗姆. 寻找自我 [M]. 陈学明, 译. 北京: 工人出版社, 1988.

[100] 艾伦·杜宁. 多少算够: 消费社会与地球的未来 [M]. 毕聿, 译. 长春: 吉林人民出版社, 1997.

[101] 伯特·马尔库塞. 单向度的人: 发达工业社会意识形态研究 [M]. 刘继, 译. 上海: 上海译文出版社, 1989.

[102] 克里斯托弗·贝里. 奢侈的概念: 概念及历史的探究 [M]. 江红, 译. 上海: 上海人民出版社, 2005.

[103] 尼尔·波兹曼. 娱乐至死 [M]. 章艳, 译. 北京: 中信出版社, 2015.

[104] 尼古拉·尼葛洛庞帝. 数字化生存 [M]. 胡泳, 范海燕, 译. 北京: 电子工业出版社, 2017.

[105] 尼古拉斯·卡尔. 数字乌托邦 [M]. 姜忠伟, 译. 北京: 中信出版社, 2018.

[106] 乔纳森·克拉里. 24/7: 晚期资本主义与睡眠的终结 [M]. 许多, 沈河西, 译. 南京: 南京大学出版社, 2021.

[107] 乔纳森·克拉里. 焦土故事：全球资本主义最后的旅程 [M]. 马小龙, 译. 北京：中国民主法制出版社, 2022.

[108] 约翰·巴克勒, 贝内特·希尔, 约翰·麦凯. 西方社会史 [M]. 霍文利, 等译. 南宁：广西师范大学出版社, 2006.

[109] 詹姆斯·韦斯福耳·汤普逊. 中世纪晚期欧洲经济社会史 [M]. 徐家玲, 等译. 北京：商务印书馆, 1992.

[110] 此本臣吾. 数字资本主义 [M]. 日本野村综研（大连）科技有限公司, 译. 上海：复旦大学出版社, 2019.

[111] 齐泽克. 突破可能性的界限 [M]. 季广茂, 译. 福州：福建教育出版社, 2017.

[112] 齐泽克. 意识形态的崇高客体 [M]. 季广茂, 译. 北京：中央编译出版社, 2017.

[113] 阿马蒂亚·森. 贫困与饥荒 [M]. 王宇, 王文玉, 译. 北京：商务印书馆, 2001.

[114] 奥尔德斯·赫胥黎. 美丽新世界 [M]. 陈超, 译. 上海：上海译文出版社, 2017.

[115] 弗兰克·特伦特曼. 商品帝国：一部消费主义全球史 [M]. 马灿林, 桂强, 译. 北京：九州出版社, 2022.

[116] 柯林武德. 自然的观念 [M]. 吴国盛, 译. 北京：北京大学出版社, 2006.

[117] 迈尔-舍恩伯格, 库克耶. 大数据时代：生活、工作与思维的大变革 [M]. 盛杨燕, 周涛, 译. 杭州：浙江人民出版社, 2013.

[118] 迈克·费瑟斯通. 消费文化与后现代主义 [M]. 刘精明, 译. 南京：译林出版社, 2000.

[119] 齐格蒙特·鲍曼. 工作、消费主义和新穷人 [M]. 郭楠, 译. 上海：上海社会科学院出版社, 2021.

[120] 托马斯·罗伯特·马尔萨斯. 人口原理 [M]. 北京: 中国人民大学出版社, 2018.

[121] 毕红梅, 伍玥. 智媒时代泛娱乐主义冲击主流意识形态的多维审视 [J]. 河北青年管理干部院学报, 2024, 36 (4): 37-44.

[122] 毕红梅, 幸晨欣. 消费主义的演化特点、逻辑及其应对 [J]. 思想教育研究, 2024 (12): 89-96.

[123] 蔡志斌. 萨伊消费理论的一个重要原则 [J]. 中南财经大学学报, 1990 (1): 99-102.

[124] 陈柯蓓. 大学生消费观存在的问题及对策 [J]. 人民论坛, 2018 (11): 112-113.

[125] 陈鹏, 龙玥儿. 数字消费异化: 本质、影响及应对 [J]. 消费经济, 2023, 39 (3): 14-25.

[126] 陈素梅. 推进绿色供给满足绿色需求 [N]. 光明日报, 2024-03-21 (15).

[127] 成军青, 严勇. 数字资本主义中精神异化的消费主体及其批判 [J]. 南京航空航天大学学报 (社会科学版), 2025, 27 (1): 11-18.

[128] 成军青. 数字资本主义中的"数字精神权力": 现实表征、生发机理及破解路径 [J]. 思想教育研究, 2024 (5): 94-101.

[129] 褚松燕. 把提高人民生活品质摆在为民造福突出位置 [N]. 学习时报, 2023-05-05 (1-2).

[130] 邓世安. 加强消费者教育提升消费者素质 [J]. 中国工商管理研究, 2007 (9): 59-63.

[131] 董玲. 生态文明何以可能?: 基于消费伦理学的解释 [J]. 凯里学院学报, 2019, 37 (1): 7-11.

[132] 董天策, 何璇. 消费主义逆行: 基于豆瓣反消费主义小组的网络民族志观察 [J]. 国际新闻界, 2023, 45 (5): 75-95.

[133] 高晓燕, 张欣一. 国内绿色消费现状、挑战与国际经验借鉴 [J]. 环境保护, 2024, 52 (16): 49-52.

[134] 高一兰, 黄晓野. 基于数字经济的消费金融发展问题研究 [J]. 黑龙江社会科学, 2020 (2): 66-70.

[135] 谷树忠, 谢美娥, 张新华. 绿色发展: 新理念与新措施 [J]. 环境保护. 2016, 44 (12): 13-15.

[136] 郭帅, 李楠, 张青磊. 高校意识形态安全教育的多重挑战与三阶优化路径 [J]. 教育探索, 2025 (1): 76-82.

[137] 郭兆晖. 以绿色消费培育新的经济增长点 [N]. 学习时报, 2024-02-28 (2).

[138] 韩娇柔. 新质生产力推动美丽中国建设的逻辑理路、现实梗阻与基本途径 [J]. 重庆社会科学, 2024 (9): 6-20.

[139] 韩融. 加快经济社会发展全面绿色转型 [N]. 光明日报, 2024-09-23 (6).

[140] 韩文龙. 数字经济中的消费新内涵与消费力培育 [J]. 福建师范大学学报 (哲学社会科学版), 2020 (5): 98-106, 170.

[141] 韩喜平. 消费主义思潮泛起的成因及引导 [J]. 人民论坛, 2021 (4): 20-23.

[142] 侯红霞. 探索数字经济发展的伦理原则 [N]. 中国社会科学报, 2025-01-06 (A4).

[143] 黄蕙萍, 郭一鼎. 环境规制能提高中国企业出口产品质量吗?: 基于重点城市环境限期达标的准自然实验 [J]. 生态经济, 2022, 38 (12): 127-135.

[144] 姜蒙强, 周志太. 疫情期间 "数字消费券" 的分析 [J]. 宜宾学院学报, 2021, 21 (8): 60-68.

[145] 姜英华. 数字资本的时间变构与时间规训及其异化后果 [J]. 中

国地质大学学报（社会科学版），2022，22（3）：16-24.

[146] 赖立，谭培文．数字中国建设背景下数字消费的内涵、困境及发展路径［J］．经济学家，2023（12），95-103.

[147] 赖立，谭培文．数字资本主义时代下数字消费内蕴矛盾及其消解路径［J］．当代经济研究，2023（11）：28-36.

[148] 蓝江．数字的神话与资本的魔法：从《〈政治经济学批判〉导言》看数字资本主义［J］．探索与争鸣，2023（6）：110-119，179.

[149] 黎泳梅，曾莉雅．探讨新形势下消费教育的开展模式［J］．中国市场监管研究，2018（10）：54-59.

[150] 李宝库，赵博，刘莹，等．农村居民网络消费支付意愿调查分析［J］．管理世界，2018，34（6）：94-103.

[151] 李国健．数字化时代下的新消费主义批判：存在形态、生成机制及应对策略［J］．中南大学学报（社会科学版），2024，30（4）：158-165.

[152] 李罕．高兹"更少的生产，更好的生活"论析［J］．黑河学院学报，2016，7（4）：158-165.

[153] 李芃达．从11.2万亿元到53.9万亿元：数字经济发展动能强劲［N］．经济日报，2024-09-24（1）．

[154] 李婷，孔祥博，王风华．孤独感对消费行为的影响及其理论解释［J］．心理科学进展，2023，31（6）：1078-1093.

[155] 李妍，顾琳琳．绿色低碳经济的新质生产力发展方向、现实挑战与提升对策［J］．长春市委党校学报，2024（5）：18-24.

[156] 林江．深刻把握经济高质量发展的内涵要义［N］．经济日报，2023-09-20（10）．

[157] 林晓珊．以人民为中心提升消费生活品质［N］．中国社会科学报，2023-06-14（1）．

[158] 刘凤义，曲佳宝．论马克思消费理论的两个维度及其现实意义

[J]. 马克思主义理论学科研究, 2022, 8 (3): 46-54.

[159] 刘贵祥. 历史唯物主义视阈中数字资本的异化及其扬弃 [J]. 马克思主义研究, 2022 (6): 136-144.

[160] 刘妙桃. 绿色消费的生态伦理意蕴 [J]. 中共山西省直机关党校学报, 2009 (2): 14-15.

[161] 刘晓艺, 刘歆. 生态学马克思主义现代性批判的理论旨趣 [J]. 南京航空航天大学学报 (社会科学版), 2024, 26 (6): 28-35.

[162] 刘晓艺. 生态学马克思主义现代性批判的逻辑进路及其现实启示 [J]. 北京林业大学学报 (社会科学版), 2024, 23 (3): 55-61.

[163] 陆书剑, 程倩. 情感消费主义的生成逻辑及其批判性超越 [J]. 理论导刊, 2025 (1): 33-39.

[164] 罗铭杰, 刘燕. 消费主义的意识形态结构解码 [J]. 财经问题研究, 2020 (9): 26-32.

[165] 毛中根, 贾宇云. 把握数字消费高质量发展的着力点 [J]. 东北财经大学学报, 2024 (2): 3-13.

[166] 毛中根, 李可欣, 叶胥. 习近平关于消费经济的重要论述: 生成依据、主要内容和原创性贡献 [J]. 学习与探索, 2024 (5): 89-99.

[167] 潘家耕. 论绿色消费与可持续发展 [J]. 安徽电力职工大学学报, 2003 (4): 113-116.

[168] 彭兰. 媒介化、群体化、审美化: 生活分享类社交媒体改写的"消费" [J]. 现代传播 (中国传媒大学学报), 2022, 44 (9): 129-137.

[169] 彭泗清. 中国居民消费结构变迁: 新维度与新趋势 [J]. 人民论坛, 2023 (18): 21-24.

[170] 齐向东. 日本的消费者教育 [J]. 国外社会科学, 1997 (3): 67-69.

[171] 邱玥, 金维刚, 等. 从"能消费"到"愿消费": 点燃消费增长

新引擎［N］. 光明日报，2023-03-09（16）.

［172］任荣. "双碳"政策对中国可持续消费行为的影响及转型策略研究［J］. 东岳论丛，2022，43（12）：145-150.

［173］石立元. 数字景观、算法欲望与数字声誉：数字时代的消费主义及其主体困境［J］. 深圳大学学报（人文社会科学版），2024，41（6）：152-160.

［174］司林胜. 对中国消费者绿色消费观念和行为的实证研究［J］. 消费经济，2002（5）：39-42.

［175］孙越. 从绿色的观念到观念的绿色：浅析绿色技术的理论构成与实践转向［J］. 自然辩证法究，2012，28（9）：82-87.

［176］谭静，刘文钦. 数字消费异化批判：表象形式、发生缘由及解蔽路径［J］. 江苏大学学报（社会科学版），2023，25（5）：99-112.

［177］王海磬. 中消协消费维权年主题调查结果显示：理性消费趋势显著消费环境逐年改善［N］. 光明日报，2024-03-15（10）.

［178］王微. 促进消费增速增量向稳向好［N］. 经济日报，2025-01-02（10）.

［179］王鑫. "万物齐一"与"万物有灵且美"：跨文化传播的"自然—生命"审美互文与叙事理路［J］. 跨文化传播研究，2024（1）：21-38.

［180］王怡凡，曾迪. 政府数字消费券绩效评价体系构建［J］. 中国外资，2022（24）：24-26.

［181］王子铭. 作为艺术事件：本雅明论机械复制时代的艺术作品［J］. 文艺评论，2022（3）：11-19.

［182］魏云涛，乔清. 论中国古代生态思想的现代价值［J］. 理论与评论，2020（6）：84-96.

［183］文启湘，武永春. 大力开展消费教育：必要性·内容·策略［J］. 南方经济，2001（12）：47-50.

[184] 吴金海. 对消费主义的"过敏症": 中国消费社会研究中的一个瓶颈 [J]. 广东社会科学, 2012 (3): 209-215.

[185] 吴琼, 刘怀玉. 从交往异化到拜物教的再生产: 马克思奢侈消费批判思想的逻辑演变述评 [J]. 社会科学家, 2017 (3): 23-28.

[186] 徐艳如. 数字拜物教的秘密及其背后的权力机制 [J]. 马克思主义研究, 2022 (6): 105-113.

[187] 杨欣. 教育数字化转型中的算法权力及其规制 [J]. 华东师范大学学报 (教育科学版), 2024, 42 (1): 114-126.

[188] 杨雪情. 数字消费更进一步有何对策? [N]. 河南商报, 2024-11-14 (A8).

[189] 杨玉珍. 绿色文化的理论渊源及当代体系建构 [J]. 河南师范大学学报 (哲学社会科学版), 2018, 45 (6): 64-69.

[190] 叶榅平. "双碳"目标下促进绿色消费的理念塑造、策略选择及制度完善 [J]. 学术交流, 2023 (11): 84-100.

[191] 殷筱, 房志敏. 新质生产力赋能绿色经济何以可能 [J]. 南京工业大学学报 (社会科学版), 2024 (3): 31-41.

[192] 余斌. "数字劳动"与"数字资本"的政治经济学分析 [J]. 马克思主义研究, 2021 (5): 77-86, 152.

[193] 袁三标. 资本逻辑背后的意识形态迷雾 [J]. 社会主义研究, 2017 (1): 53-58.

[194] 张峰, 刘璐璐. 数字经济时代对数字化消费的辩证思考 [J]. 经济纵横, 2020 (2): 45-54.

[195] 张建华, 文艺瑾. 以消费扩容提质促进经济高质量发展的理论逻辑及政策取向 [J]. 改革, 2024 (9): 17-33.

[196] 张廷银. 加快构建四大体系推动形成绿色生产和生活方式 [N]. 河南日报, 2017-09-15 (6).

[197] 张昕蔚, 刘刚. 数字资本主义时代的资本形态变化及其循环过程研究 [J]. 社会科学文摘, 2024 (7): 85-87.

[198] 张一兵. 消费意识形态：当代资产阶级日常生活的改变 [J]. 浙江社会科学, 2024 (1): 142-154, 160.

[199] 张懿玮, 徐爱萍. 绿色教育与绿色消费意愿：绿色素养和绿色消费态度的链式中介作用 [J]. 教育与经济, 2022, 38 (5): 11-20, 57.

[200] 中共中央关于进一步全面深化改革、推进中国式现代化的决定（一）[J]. 档案天地, 2024 (8): 8-11.

[201] 周宏春. 加快形成绿色生产方式和生活方式 [N]. 经济日报, 2024-02-21 (10).

[202] 周露平. 数字化生存的批判与建设 [J]. 福建师范大学学报（哲学社会科学版），2022 (6): 96-106, 131, 171.

[203] 周文, 许凌云. 论新质生产力：内涵特征与重要着力点 [J]. 改革, 2023 (10): 1-13.

[204] 周勇. 发展新质生产力背景下的绿色消费理念：政策背景、研究热点及展望 [J]. 绿色中国, 2024 (4): 18-23.

[205] 周跃辉. 深化产业结构调整构建现代产业发展新体系 [N]. 成都日报, 2017-07-06 (6).

[206] 朱迪. 新兴中等收入群体的崛起：互联网消费特征及其经济社会价值 [J]. 社会科学辑刊, 2022 (1): 46-58.

[207] 朱岩, 石言. 数字经济的要素分析 [J]. 清华管理评论, 2019 (7-8), 24-29.

[208] 朱妤书. 日本中小学消费者教育对中国的启示 [J]. 西部学刊, 2024 (23): 67-70.

[209] 祝合良, 郭凯歌, 王春娟. 基于消费者视角的数字化消费影响因素研究 [J]. 商业研究, 2023 (1): 143-152.

[210] 庄忠正，刘纪龙．从"贱民"到无产阶级：马克思对黑格尔的批判性超越［J］．马克思主义与现实，2024（2）：67-75．

[211] 邹伟，韩洁．运筹帷幄定基调，步调一致向前进［N］．人民日报，2021-12-01（12）．

[212] 邹永红，李红亮．数字资本场域下的数字消费主义：出场、表征与祛魅［J］．学习与探索，2024（7）：127-133．

[213] 邹智贤．消费正义：破解现代社会消费困境的价值原则［J］．求索，2017（3）：89-93．

[214] 陈金晓．马克思消费批判理论及其当代价值研究［D］．郑州：河南师范大学，2023．

[215] 程前远．"饭圈"文化对大学生价值观的影响研究［D］．贵阳：贵州师范大学，2023．

[216] 郭秀云．电商直播情境下中年女性网络消费观研究［D］．太原：山西大学，2023．

[217] 李芝凤．数字经济对城乡消费差距的影响研究［D］．天津：天津财经大学，2023．

[218] 陆美岑．高质量发展背景下物流企业绿色度评价指标体系研究［D］．沈阳：沈阳工业大学，2024．

[219] 马晓伟．中国环境规制对绿色消费的影响研究［D］．福州：福建师范大学，2023．

[220] 王晟嫣．绿色低碳转型背景下中国能源供给安全边界研究［D］．北京：华北电力大学（北京），2024．

[221] 邬静敏．从虚拟推荐到现实购买：网络"种草"现象的符号消费阐释［D］．杭州：浙江传媒学院，2024．

[222] 徐瑞鑫．生态学马克思主义美好生活观研究［D］．济南：山东建筑大学，2024．

[223]张泽鹏. 全球气候环境恶化的资本主义批判［D］. 长春：吉林大学，2024.

[224]ESmallData. 2024年全球能源转型投资增速放缓中国占全球增长的三分之二［EB/OL］. 2025.02.17. 数据来源：国际能源小数据. https：//news. bjx. com. cn/html/20250217/1427261. shtml.

[225]周静. 中央经济工作会议专门提到，这类消费对于扩大内需为何至关重要？［N/OL］. 上观新闻，2024-12-30［2025-01-24］. https：//www. shobserver. com/staticsg/res/html/web/newsDetail. html？id＝832713&v＝1. 6&sid＝67.

[226]中国互联网络信息中心. 中国互联网络发展状况统计报告（第55次）［EB/OL］.（2025-01-17）. https：//www. cnnic. net. cn/n4/2025/0117/c88-11229. html.

[227]中国互联网络信息中心. 互联网助力数字消费发展蓝皮书［EB/OL］.（2024-06-28）. https：//www. cnnic. net. cn/n4/2024/0708/c88-11037. html.

[228]张锐. 央行行长潘功胜：地方债务、房地产市场风险目前总体处于收敛状态［N/OL］. 经济观察网，2025-01-13［2025-01-24］. http：//www. eeo. com. cn/2025/0113/706404. shtml.

[229]新华社. 中央经济工作会议在北京举行［EB/OL］.（2024-12-12）. https：//www. gov. cn/yaowen/liebiao/202412/content_6992258. htm.

[230]加快形成绿色生产方式和生活方式，使国家天更蓝、山更绿［EB/OL］. 央视网，（2018-03-20）［2025-01-24］. https：//baijiahao. baidu. com/s？id＝1595421547069841243&wfr＝spider&for＝pc.

[231]国家统计局. 消费市场繁荣壮大商贸流通创新提质：新中国75年经济社会发展成就系列报告之五：新中国75年经济社会发展成就［R/OL］.（2024-09-11）［2025-01-24］. https：//www. stats. gov. cn/zt_18555/ztfx/

xzg75njjshfzcj/202409/t20240911_1956388.html.

[232] 国家统计局. 人民文化生活日益丰富文化强国建设加力提速: 新中国75年经济社会发展成就系列报告之二十一 [EB/OL]. (2024-09-11) [2025-01-24]. https://www.stats.gov.cn/sj/sjjd/202409/t20240923_1956632.html.

[233] 国家发展改革委, 等. 关于促进绿色消费的指导意见 [EB/OL]. [2016-03-02]. https://www.ndrc.gov.cn/fzggw/jgsj/hzs/sjdt/201603/t20160302_1130523.html.

[234] 包晓斌. 健全激励机制扩大绿色消费 [EB/OL]. [2024-08-07]. http://m.ce.cn/ttt/202408/07/t20240807_39095703.shtml.

[235] 艾媒咨询. 2024—2025年中国婚恋社交服务市场研究报告 [EB/OL]. (2024-12-16) https://www.iimedia.cn/c400/100883.html.

[236] Campbell C. The Romantic Ethic and the Spiritof Modern Consumerism [M]. Oxford: Basil Blackwell, 1987: 266.

后　记

这本小书是我承担河北省社会科学基金项目"消费发挥基础性作用的理论追问与对策研究"（项目批准号 HB20MK022）的最终成果。这也是我完成的以消费为主题的第二个河北省社会科学基金项目（上一个项目为"我省加快建立扩大消费需求长效机制研究"，项目批准号 HB13JJ017，鉴定等级良好）。多年来，能够持续聚焦消费问题进行学习和探索，得益于河北省社会科学工作办公室的支持和资助。

书稿的完成是我们课题组集体攻关的结果。本课题由我总体设计研究框架，确定全书的立论依据、逻辑结构以及主要观点展开。在各部分初稿的基础上，我对全书进行了审阅修改，并统稿定稿。初稿的具体执笔分工如下：第一章张子麟、马静，第二章王中天、张子麟，第三章郭德冰，第四章魏冉，第五章张子麟、李庆国，第六章田

后　　记

燕佳、张子麟，第七章王效锋、张子麟，序言、后记张子麟。此外，刘刚、孙军锋、陈景昭等围绕研究大纲积极撰写论文，限于内容与新型消费距离较远而未能收入本书，敬致歉意。我的研究生鲁依茗、张颖同学，精心修改并统一了全书的注释和参考文献，规范了文稿质量。感谢课题组每一位成员。他们都承担着繁重的教学科研学习任务，有的甚至停下自己手中的项目，有时候组会从下午一直开到月上枝头，还记得去年腊月甚至除夕之夜大家还在群内讨论修改意见……这些画面和场景无时无刻不在激励着我、鞭策着我！

石家庄学院作为一所坐落于河北省省会的地方应用型本科高校，虽办学历史不长，然师范底蕴深厚，人文关怀浓郁。学校领导紧抓京津冀协同发展和强省会建设难得历史机遇，旗帜鲜明提出引领学校"二次创业"的"1396"发展战略。我作为学校的一分子，能够参与、亲历、见证学校的发展而倍感殊荣。自博士毕业到校工作以来，我一直在马克思主义学院（包括其前身马列主义教学部）从事思政课教学，转眼已经十三个年头。在此期间，马院的历任领导、老师和同事们都给予我各方面的关心和帮助；虽然我无法向他们一一表达感谢，但他们的信任与支持一直是我踽踽前行的不竭动力。

受益于京津冀协同发展的政策红利，在修改本书稿前后，我有幸到北京大学马克思主义学院访学一年；更为有幸的是，我成为陈培永老师国家社会科学基金重大项目课题组的一员。陈老师治学严谨而又平易近人；作为哲学博士、学术名家的他，不仅自身学术成就斐然，而且诲人不倦乐于分享。当他得知我多年固执地"迷恋"消费话题之后，鼓励我以当下的时代之问去激活马克思主义经典文本的消费思想魅力，重构面向美好生活的消费理论框架。这一振聋发聩的思想洞见，一扫之前求索途中的迷茫无助、犹豫彷徨，进而坚定了我继续探求消费秘密的决心与信心。一年的访学时间转瞬即逝，然而在此间收获的治学态度、思想视野、学术方法、同窗友谊却已融入我的身体血脉之中，必将持久润泽我的思维活动。

多年来，我在外地求学工作远离父母双亲，随着岁月的划痕渐深，他们虽然有着诸多的生活不便，但仍然宽慰我不要为家中琐事分心！成家以来，妻子任劳任怨，甚至牺牲自己的事业发展，抚育一双女儿健康成长，为我在外奔波而解除后顾之忧！岳母与我们共同生活，虽退休多年，但仍为家务和孙辈操劳而不能轻松！幸有女儿次第成人，略知奋进感恩，为我疲惫劳累之余增添无限乐趣！

月照深宵鬓已霜，

流光暗度感时忙。

幸得人间烟火暖，

一窗清梦抵沧桑。

子麟
2025 年 6 月 11 日